Heike Kügler-Anger

Frisch aufgegabelt – Nudeln vegan

Heike Kügler-Anger

Frisch aufgegabelt – Nudeln vegan

illustriert von Karin Bauer

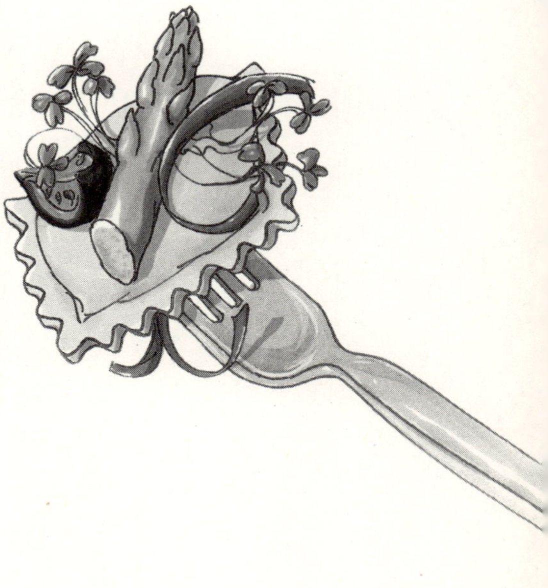

pala verlag

Inhalt

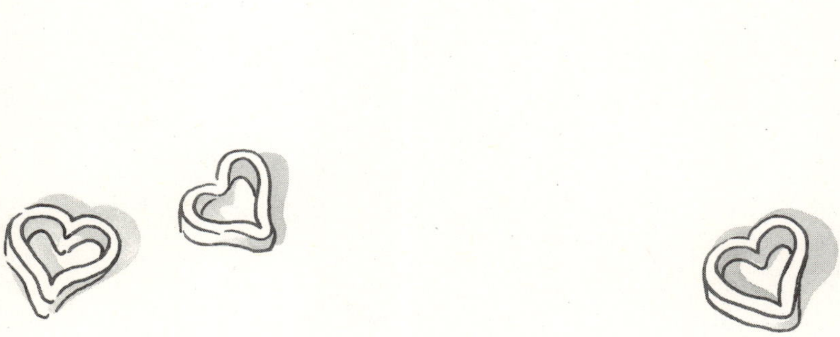

Die Ulknudel der Familie

Meine Oma mütterlicherseits war das, was man landläufig als Ulknudel bezeichnet. In ihrem weichen, üppigen Körper vereinten sich rheinischer Wortwitz, die berühmt berüchtigte Schlagfertigkeit des »Kohlenpotts« und ein Hang zur Theatralik, der sie, wenn sie nur gewollt hätte, zur idealen Besetzung der weiblichen Hauptfigur jeder altgriechischen Komödie gemacht hätte. Ihre damalige Bühne waren jedoch ihre Familie sowie die geneigte Nachbarschaft in der von mächtigen Laubbäumen flankierten Straße am Rande des nördlichen Ruhrgebiets. Wenn Oma Paula nach dem einen oder anderen Gläschen Likör so richtig in Fahrt kam, blieb kein Auge trocken. Besonders wir Enkelkinder hielten uns die bei Oma immer gut gefüllten Bäuche und wollten uns vor Lachen schier ausschütten.

Heute frage ich mich, woher meine Oma, die wie viele ihrer Generation von den Ängsten und Entbehrungen der Kriegsjahre gezeichnet war, ihren unerschütterlichen Humor nahm. Vielleicht lag es daran, dass sie sich, als die schweren Zeiten endlich überstanden waren, ihre ganz eigene Lebensphilosophie zusammenbastelte: Nach Jahren des Hungerns lag ihr nun daran, Leib und Seele zusammenzuhalten. Bei Oma Paula wurde fortan, sofern ihre kleine Rente es zuließ, nicht mehr nur gut gegessen, sondern geschlemmt. Zum Hauptgang gab es häufig Nudeln, zumindest wenn ich nach der Schule mit dem Fahrrad bei Oma zum Mittagessen vorbeigefahren kam. Mal waren sie hausgemacht, mal kamen sie aus der Tüte. Aber immer waren sie unvergleichlich lecker. Und wenn meine Oma dann während des Mittagessens wieder zur ihrer humoristischen Höchstform auflief, so schwöre ich, kringelten sich auch die Nudeln vor Lachen.

Vielleicht ist mir damals, in Oma Paulas Küche, schon meine Begeisterung für alle Nudelgerichte, zwar nicht in die Wiege gelegt, aber in die Fußstapfen meines Lebensweges eingearbeitet worden. Ein Lebensweg, der sich wie ein verschlungenes Teigknäuel aus frisch gekochten Bandnudeln einmal nach hier- oder dorthin, dann wieder zurück oder vor und in die entgegengesetzte Richtung dreht. Alles hängt irgendwie zusammen und bleibt doch offen: für neue Erfahrungen, neue Lebensrichtungen, neue Entscheidungen und neues Glück.

Eine Extraportion Glück

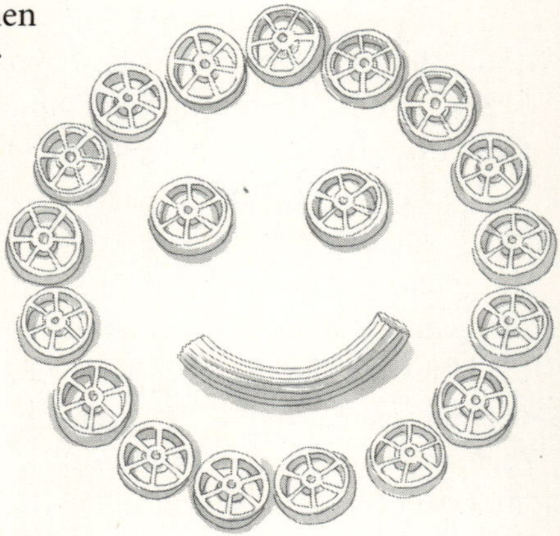

Eines ist unbestritten: Nudeln machen glücklich. In Italien, dem Land der Pasta und der Passion für gutes Essen, weiß man dies schon seit dem Urbeginn der Nudelherstellung. Die Italiener sind somit praktisch schon von Geburt an mit einer Extraportion Glück ausgestattet. Die Einwohner Schwabens gelten dagegen eher als hart arbeitend, sparsam, zielstrebig, aber auch ein wenig schlitzohrig. So fanden sie einen für sie äußerst appetitlichen Weg, in der Fastenzeit die geforderte Fleischabstinenz zu umgehen: Gekonnt vermengten sie das in den Fastenwochen erlaubte »Grünzeug« wie Spinat und Petersilie mit durch den Fleischwolf gedrehtem Fleisch. Außenherum kam noch eine Teigtasche aus Nudelteig und fertig war das »Herrgotts-B'scheißerle« alias die Maultasche. Mit dieser und den nicht minder beliebten Spätzle wurden dann nicht nur die Schwaben, sondern zuerst auch die angrenzende bayerische wie badische, später dann die gesamtdeutsche Bevölkerung, zumindest in kulinarischer Hinsicht, glücklich.

Dass Nudeln glücklich machen, liegt nicht nur an ihrer Formenvielfalt oder an den vielfältigen Zubereitungsformen, die man ihnen angedeihen lassen kann. Das Glücksgefühl, das sich nach dem Verzehr von Nudel- oder Pastagerichten bei vielen Menschen einstellt, ist vermutlich auch durch die im Nudelteig enthaltenen Kohlenhydrate bedingt. Diese regen im menschlichen Gehirn die Produktion des Neurotransmitters Serotonin an. Serotonin reguliert nicht nur den Schlafrhythmus, den Blutdruck und beeinflusst das Hunger-Sättigungs-Zentrum, sondern wirkt auch direkt auf die Stimmungslage. So kann man sich gute Laune direkt um die Gabel wickeln oder auf den Löffel häufen. Gepaart mit einer leichten Sauce auf Gemüsebasis oder einer nicht vor Kalorien strotzenden Füllung (die meisten veganen Zubereitungen kommen relativ »leicht« daher), machen Nudeln doppelt glücklich, denn sie sind auch noch freundlich zur Figur.

Für mich liegt mein ganz persönliches Nudelglück darin, Ihnen dieses Buch präsentieren zu dürfen. Mit Hilfe von mehr als 100 Rezepten möchte ich Ihnen das ganze Nudelreich zu Füßen oder besser gesagt, auf den Küchentisch legen: Es umfasst verschiedene hausgemachte Nudelteige, traditionelle sowie ein wenig ungewöhnliche Saucenzubereitungen aus aller Welt, delikat gefüllte Teigwaren, nähere und entferntere Nudelverwandte wie Gnocchi oder Schupfnudeln, sättigende Suppen, Salate für Picknick, Party oder auch den Alltag sowie feine Nudeldesserts. Richtig in Form gebracht werden die Nudeln durch alltagserprobte Tricks und Tipps aus der Nudelküche, sodass die Herstellung, Zubereitung und Aufbewahrung von hausgemachten Teigwaren und den dazugehörigen Saucen kinderleicht vonstattengeht.

Ich hoffe, dass ich mit diesem Kochbuch ein wenig zu Ihrem persönlichen Nudelglück beitragen kann. Und wenn bei Ihnen zu Hause bei der Zubereitung des einen oder anderen in diesem Buch vorgestellten Rezeptes die Ulknudel zutage kommt – lassen Sie es mich wissen!

Mich und meine Oma Paula, der übrigens ein stattliches Lebensalter vergönnt war, wird es freuen.

Ihre

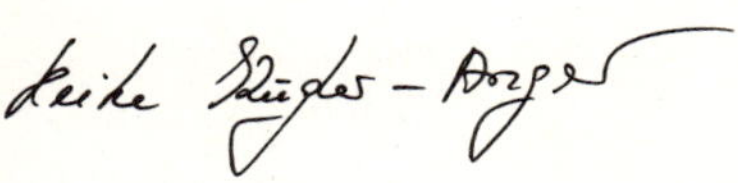

Ein Teigfaden zieht sich durch die Welt

Die älteste Nudel dieser Welt wurde bei Ausgrabungen in Lajia nahe des Gelben Flusses in Westchina entdeckt. Ein ganzes Knäuel hellgelber, getrockneter Nudeln steckte seit der späten Jungsteinzeit, also seit etwa viertausend Jahren, in einem Tontopf – so als warte es nur darauf, von einer neolithischen Hausfrau ins kochende Wasser befördert zu werden. Die prähistorischen Nudeln ähnelten verblüffend unseren heutigen Spaghetti: Sie waren etwa drei Millimeter dünn und beachtliche 50 Zentimeter lang. Gefertigt waren diese Ur-Spaghetti jedoch nicht aus Hartweizengrieß, sondern aus dem Mehl von Kolben- und Rispenhirse. Bis zum spektakulären Nudelfund von Lajia ging man davon aus, dass gedämpfte Teigwaren in China seit den Zeiten der Han-Dynastie (206 v. Chr. bis 220 n. Chr.), also seit über zweitausend Jahren, ein fester Bestandteil der fernöstlichen Ernährungstradition sind. Doch auch in den Regionen, die wir heute Südeuropa zuordnen, fanden sich zu diesem Zeitpunkt schon Feinschmecker, die die Verfahren der Nudelherstellung weiter vorantrieben. In der griechischen Antike wurde nach Bestattungen eine dickflüssige Teigwarensuppe gereicht, mit der man die Verstorbenen ehrte. Griechische Teigspeisen wurden als *pastái* und *makaría* bezeichnet, worauf die heutigen Begriffe »Pasta« und »Makkaroni« zurückgeführt werden. Auch im Alten Rom ließ man sich Teigwaren, die an heutige Pastasorten erinnern, schmecken.

Nudeln und Teigwaren haben also in vielen Ländern und damit mit vielen typischen nationalen Ausprägungen oder Besonderheiten eine lange Tradition. Wobei Italien, das Heimatland von Pasta, Lasagne, Cannelloni und Co., eindeutig nicht nur bei der Länge der Spaghetti vorne liegt. In dem kleinen Dörfchen Pontedassio in Ligurien hat man der italienischen Nationalspeise sogar ein eigenes Museum gewidmet, das Museo storico degli spaghetti, wohl das einzige Spaghettimuseum der Welt.

Die älteste Nudelfabrik Deutschlands ist die 1793 gegründete Erfurter Teigwarenfabrik. Noch heute werden dort etwa 50.000 Tonnen Nudeln pro Jahr hergestellt. Hierzulande war allerdings die Kartoffel lange Zeit Hauptnahrungsmittel. Erst mit der erwachenden Reiselust in den Nachkriegsjahren haben Pastagerichte aus bella Italia Einzug in die Küchen gehalten.

Lediglich der Südwesten Deutschlands hat sich dem Diktat der Kartoffel jedoch schon immer standhaft widersetzt: In den württembergischen und badischen Regionen liebt man nicht nur einen guten Schoppen Wein, sondern regionale Ausprägungen von Teigwaren, die tief in der kulinarischen Tradition verankert sind. Schon seit mehr als 400 Jahren sind die vom Spätzlebrett direkt ins kochende Wasser geschabten und inzwischen auch durch die Spätzlepresse gedrückten Teigwaren ein unverzichtbarer Bestandteil des sonntäglichen schwäbischen Menüs.

Fakten mit Biss

Für viele Nudelliebhaber ist der 25. Oktober wohl der schönste Tag im Jahr: An diesem Datum wird nämlich seit 1995 der Weltnudeltag begangen. Es ist anzunehmen, dass nicht nur dann bei vielen großen und kleinen Nudelfreunden Spaghetti auf den Teller kommen. Denn Spaghetti führen die Top Ten der meist gekauften Nudelsorten an. Spätzle liegen mit dem fünften Platz souverän im Mittelfeld. Vor allem die Saucenliebhaber kommen bei den Spätzle voll auf ihre Kosten, weil diese Teigwarenart sich aufgrund ihrer rauen Oberfläche besonders gut mit der Sauce verbindet.

Wer Abwechslung von Spaghetti und Spätzle sucht, hat mitunter die Qual der Wahl. In Deutschland werden über 100 verschiedene Nudelsorten hergestellt, in Italien kommt man locker auf die dreifache Menge. Aber auch asiatische Nudeln sind vielfältig in Aussehen, Geschmack und Verwendung. Schließlich kann man dort auf eine jahrtausendealte Tradition zurückgreifen.

Weltweit liebt man die Beilage mit »Biss«. Wahrscheinlich nicht nur wegen ihres guten Geschmacks, sondern weil man mit Nudeln ebenso schnell wie unkompliziert eine leckere Mahlzeit zubereiten kann. Das Lieblingsgericht vieler Kinder, Spaghetti mit Tomatensauce, steht in rekordverdächtigen 15 Minuten auf dem Tisch. Und das immer öfter: Der Pro-Kopf-Verbrauch an Teigwaren ist seit den 1990er-Jahren in Deutschland um beachtliche 50 Prozent gestiegen und liegt nun bei knapp siebeneinhalb Kilogramm pro Jahr. In Italien sagt man zur Pasta dagegen wohl nur selten basta, jeder Italiener verdrückt statistisch gesehen mehr als 25 Kilogramm pro Jahr.

Im Juli 2005 hat die Nudel sogar den Sprung ins Weltall geschafft: Der japanische Astronaut Soichi Noguchi verspeiste an Bord der US-Raumfähre Discovery die eigens dafür entwickelte *Space Ram*, die erste Weltraumnudel.

Wie viel von den Weltraumnudeln ein Astronaut im Weltall zu essen vermag, wird das Geheimnis der NASA bleiben. Bei der Planung eines Nudelessens auf Erden sollte man etwa 100 Gramm Nudeln (Trockenware) pro Person rechnen. Wenn die Sauce oder die Beilagen nicht so üppig ausfallen, können es auch gut und gerne 125 Gramm sein. Abweichungen von allen himmlischen oder terrestrischen Statistikwerten sind jedoch erlaubt.

Aller Anfang ist der Teig

Nudel ist zwar nicht gleich Nudel. Dennoch ähneln sich alle Nudeln auf die eine oder andere Art. Denn das Grundrezept für die Herstellung von Nudeln ist denkbar einfach: Mehl oder Grieß sowie Wasser und ein wenig Salz werden zu einem glatten Teig verknetet. Bei Eiernudeln, die in diesem Buch jedoch kein Thema sind, werden noch Eidotter oder ganze Eier hinzugefügt. Nach Belieben können dem Nudelteig Kräuter oder Gewürze, püriertes Gemüse oder Gemüsesaft untergerührt werden, was für einen besonderen Geschmack oder eine andere Farbnuance sorgt. Kein Nudelgesetz schreibt vor, dass Nudeln immer nur herzhaft schmecken müssen. Süße Dessertnudeln, bei denen der gesüßte Teig mit Fruchtauszügen, aber auch mit Kakao und Schokolade angereichert worden ist, sind weitere Delikatessen aus dem großen Reich der Nudeln.

Nudeln vom Fließband

Selbst gemachte Nudeln oder Pasta sind zwar lecker, der Zeitaufwand dafür aber mitunter beachtlich. Wen wundert es, dass schon früh, nämlich bereits im 12. Jahrhundert, Teigwaren in kleinen handwerklichen Betrieben angefertigt, getrocknet und anschließend verkauft wurden. Hochburg dieser frühzeitlichen Pastamanufaktur war die Region um Palermo auf Sizilien, von dort aus wurden, wie Chronisten berichten, »fadenförmige Teigwaren« nach Kalabrien und in viele muslimische

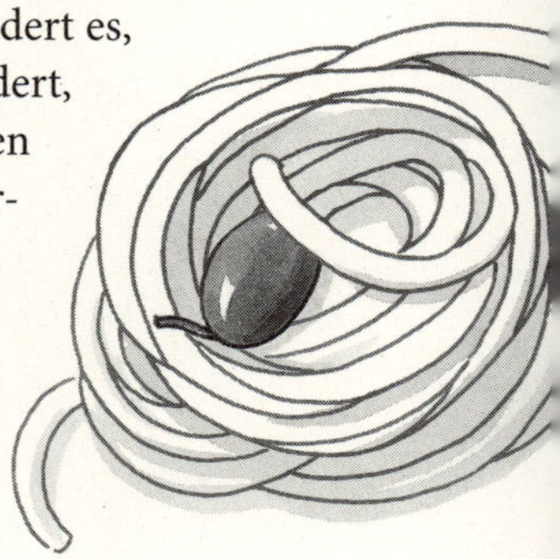

und christliche Länder exportiert. Durch die Erfindung der mechanischen Presse im 17. Jahrhundert wurde die Herstellung von Teigwaren deutlich einfacher, effektiver und damit kostengünstiger. Heute werden die meisten Nudeln, die hierzulande auf den Tellern landen, industriell gefertigt.

Bei der Nudelherstellung finden sich jedoch einige nationale Ausprägungen: Die typische italienische Pasta, die *Pasta secca*, besteht aus Hartweizengrieß (Durumweizen). Diese Weizenart ist ausgesprochen wärmeliebend und reagiert empfindlich auf ein Zuviel an Regen während der Reifezeit, sodass sie vorwiegend in Süditalien und anderen Mittelmeerländern angebaut wird. Hartweizen besitzt einen hohen Anteil an Klebereiweiß, der beim Kochen der Nudel für den nötigen »Biss« sorgt. Die fertig gegarte Nudel ist außen weich, der Kern im Biss aber immer noch deutlich spürbar.

Auch die Schweizer Pasta wird aus Hartweizen hergestellt. Bei der Herstellung von Schweizer Bandnudeln und deutschen wie österreichischen Nudelsorten verwendet man traditionell fein ausgemahlenen Weichweizengrieß. Weichweizen enthält weniger Klebereiweiß, jedoch deutlich mehr Stärke als Hartweizen. Da die Stärkekörner weniger gebunden werden, quellen sie stärker auf. Nudeln aus Weichweizen sind daher weicher und nehmen beim Kochen mehr Wasser auf. Um die Teigeigenschaften zu verbessern, wird deshalb gerne Ei zugesetzt, weil das in Ei enthaltene Lezithin als Emulgator wirkt. Wirklich notwendig ist dies aber nicht, wie die Rezepte ab Seite 34 zeigen.

Neben Weichweizen werden aber auch andere Getreideerzeugnisse bei der Nudelherstellung eingesetzt. Aus fein vermahlenem Buchweizen, Dinkel und Roggen sowie aus Reis, Hirse, Hafer,

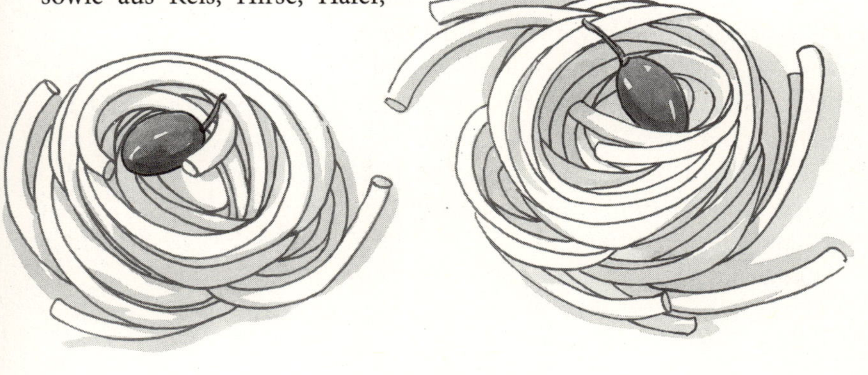

Gerste oder Mais lassen sich ebenfalls schmackhafte Teigwaren herstellen. In den letzten Jahren werden auch immer mehr Sorten qualitativ hochwertiger Vollkornnudeln angeboten.

Auch die asiatischen Länder können mit einem erstaunlichen Nudelreichtum aufwarten. Bei der Herstellung werden nicht nur Weizen- oder Buchweizenmehl, sondern ebenso Reis- und Mungbohnenstärke eingesetzt. In Japan färbt man die beliebten, aus Buchweizen hergestellten Soba-Nudeln gerne mit grünem Teepulver (Matcha) ein.

Wie beim Kuchenbacken ist der Teig jedoch erst die Vorstufe zum fertigen Produkt. Bis die Nudel sich mit der Sauce vereinen kann, muss sie noch einige Verarbeitungsschritte durchlaufen: Als Erstes gönnt man dem Teig eine Ruhezeit, damit sich das im Mehl oder Grieß enthaltene Klebereiweiß entfalten kann. Dann wird der Teig in Form gebracht. Bei gepressten Teigwaren wie zum Beispiel Spaghetti, Makkaroni, Hörnchennudeln, Spiral- oder auch Buchstabennudeln wird der Teig nach einem kurzen Aufenthalt in der Vakuumkammer mit hohem Druck durch spezielle Schablonen (die in der Nudelwelt als »Matrizen« bezeichnet werden) zu den diversen Nudelformen gepresst. Diese werden getrocknet und im Anschluss daran auf die gewünschte Länge geschnitten.

Für Walznudeln, zu denen Bandnudeln und Lasagneblätter gehören, wird der Teig auf eine Reise durch verschiedene Walzstationen geschickt. Wie bei der zu Hause von Hand angetriebenen Pastamaschine nimmt die Stärke der ausgewalzten Teigplatten von Station zu Station ab, bis sich der anfänglich dickliche Teig zu hauchdünnen Platten reduziert hat. Diese werden von Schneidemaschinen in Form gebracht.

Industriell gefertigte Spätzle und Knöpfle erleben ein kurzes Tauchbad in kochendem Wasser, bevor sie auf die richtige Länge geschnitten werden.

Weil frische Nudeln schneller verderblich sind, wird der Großteil der industriell gefertigten Teigwaren getrocknet. Der Wassergehalt nach dem Trocknen darf 13 Prozent nicht überschreiten. Damit die Nudeln keine Risse bekommen, muss das Trocknen möglichst schonend und gleichmäßig geschehen. Hochwertigen Teigwaren lässt man bei 60 – 70 °C mindestens vier bis sechs Stunden, manchmal auch eine ganze Woche, Zeit, um zu trocknen. Nach dem Trocknen wird die Pasta gekühlt, gelagert, geschnitten und verpackt.

Nudeln aus der eigenen Küche

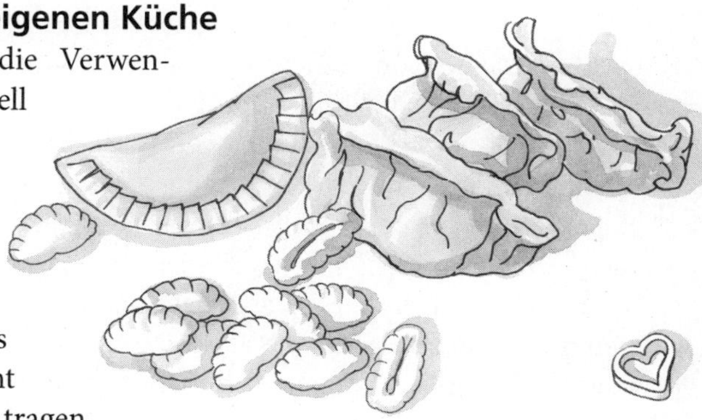

Vieles spricht für die Verwendung von industriell gefertigten Nudeln. Kaum ein anderes Lebensmittelprodukt hat einen derartigen »Light-Faktor«: Nudeln aus der Tüte sind leicht zu kaufen, leicht zu tragen, leicht zuzubereiten und leicht im Genuss. Warum soll man sich also plagen, wenn man sich das (Nudel-) Leben so leicht machen kann?

Leute, die sich auf den mitunter etwas beschwerlichen und zeitintensiven Weg machen, die Nudelherstellung selbst in die Hand zu nehmen, sind jedoch alles andere als Masochisten oder Kochsüchtige. Sie haben für ihr Handeln triftige Gründe. Diesen können individuell ganz besondere Motive zugrunde liegen: Meine norddeutsche Bekannte beispielsweise schloss sich, sobald sich die Schwiegermutter aus dem Schwabenland zu Besuch ansagte, über Stunden in der Küche ein, rollte im Akkord Teig für Maultaschen aus und schabte Spätzle vom Brett, bis dieses zu glühen drohte. Sie gab alles, konnte im Endeffekt jedoch nur verlieren. Der »Schwiegermuttertest« war bei der Disposition dieser ganz speziellen Schwiegermutter einfach nicht zu bestehen. Seitdem diese Schwiegermutter nicht mehr ihre Schwiegermutter ist, kauft meine Bekannte die Maultaschen wieder aus dem Kühlregal. Zu Weihnachten hat sie sich nun jedoch eine handbetriebene Pastamaschine gewünscht …

Die Liebe an sich ist also solch ein triftiger Grund. Dabei muss diese Liebe nicht immer nur von Hormonen gesteuert sein. Die Liebe zum Genuss, zu einem guten, qualitativ hochwertigen und handwerklich solide hergestellten Essen langt allemal. Denn eines muss man den zu Hause angefertigten Teigwaren zugestehen: Sie sind einfach lecker. Im Geschmack, in der Art, wie sie auf der Zunge zergehen und nach genüsslichem Kauen die Kehle herunterrutschen, sind sie so alles andere

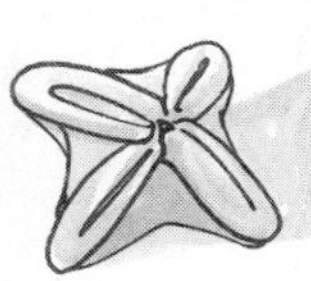

als leicht, vielmehr kulinarische Schwergewichte. Wer einmal eine hausgemachte Lasagne, von Hand ausgewalzte Linguine oder selbst gefüllte Maultaschen oder Ravioli gegessen hat, wird nicht mehr so schnell auf Fertigprodukte ausweichen wollen. Seien Sie also gewarnt: Die erste selbst ausgerollte Bandnudel ist oft der Anfang einer langen Leidenschaft!

Ein weiterer guter Grund, selbst Hand anzulegen: Nur bei selbst gemachten Nudeln weiß man bei jedem Biss, was man im Mund und später auch im Magen hat. Selbst gemacht ist gleichbedeutend mit »frei von unerwünschten Zusatzstoffen«. Und weil die ab Seite 34 vorgestellten Rezepte allesamt vegan sind, bedeutet selbst gemacht in diesem Buch vor allem »frei von jeglichen tierischen Inhaltsstoffen«. Sie können also mit gutem Gewissen zugreifen.

Natürlich lässt sich der Aufwand, der mit der heimischen Nudelfabrikation verbunden ist, nicht immer und überall betreiben. Wenn Sie nach einem langen Arbeitstag hundemüde nach Hause kommen, wenn Ihre Kinder mittags hungrig wie eine Meute kleiner Wölfe in die Küche einfallen, wenn unerwartet Gäste auf der Matte stehen oder wenn Sie im Urlaub in der Ferienhaus- oder Campingküche ein Nudelgericht zubereiten wollen, sind aufwendig gefüllte Ravioli oder handgeformte Kräuternudeln nicht unbedingt gefragt. In diesen Fällen wird Sie keine Nudel schief angucken, wenn Sie auf industriell gefertigte Tütenware zurückgreifen. Vergessen Sie jedoch nicht, einen kurzen Blick auf die Zutatenliste zu werfen, um sicherzugehen, dass Sie kein unerwünschtes tierisches Produkt verwenden.

Frei von tierischen Zutaten sind natürlich alle in diesem Buch aufgeführten Saucenrezepte, sodass im Bedarfsfall mit den Nudeln aus der Tüte und der Sauce vom eigenen Kochherd schnell ein schmackhaftes Essen zubereitet werden kann. Bei der Vielfalt der Saucen, die ich für dieses Buch entwickelt habe, wird auch bei häufigem Nudelgenuss so schnell keine Langeweile aufkommen. Und es steht Ihnen selbstverständlich frei, sich einen Nachschlag zu gönnen!

Die bunte Welt der Nudeln

In den unendlichen Weiten der Nudelwelten tummeln sich lange oder kurze, dicke oder dünne, geriffelte oder glatte Nudeln. Nudeln lieben Sauce, lassen sich füllen, schwimmen in Suppen, landen in Pfanne oder Wok, werden in Backöfen zu knusprig gratinierten Aufläufen und verbinden sich mit süßem Beiwerk zu verführerischen Desserts. Mit Nudeln geht, kulinarisch gesehen, so gut wie alles!

Um sich nicht im Nudeldschungel zu verirren, hier ein kurzer Überblick über die wichtigsten Ausprägungen.

Lang und dünn:

Seit alters her und bei Groß und Klein sind die Langen und Dünnen auf der ganzen Welt die beliebtesten Nudelformen. Spaghetti und Makkaroni sind die bekanntesten Sorten dieser Gattung, wobei sie in unterschiedlicher Länge und Dünne auftreten können. Nudelbrüder oder -schwestern der Spaghetti sind unter anderem dünnere Spaghettini oder dickere Spaghettoni, Capellini, Vermicelli und Bucatini. Sie werden traditionell mit (Tomaten-)Sugo, Sud, Sahnesauce wie auch Pesto gereicht.

Kompaktnudeln:

Diese Ausprägung kommt meistens kurz und knackig daher. Die Vertreter dieser robusten Gattung werden Spiralnudeln, Gabelspaghetti oder Hörnchen, Fusilli, Penne, Rigatoni, Tortiglioni oder auch Farfalle genannt. Durch die vielen Rundungen wird die Sauce besonders gut aufgenommen, sodass sie traditionell mit üppigem Saucenbeiwerk vereint werden. Aber auch in Salaten und Aufläufen machen sie sich gut.

Bandnudeln:

Bandnudeln sind die »Edlen« unter den Nudeln und paaren sich gern mit feinen Ragouts oder hochwertigen Saucen. Nach dem Abgießen kurz in hochwertigen Ölen geschwenkt, mit fein gehackten Kräutern oder veganem Parmesan überstreut, machen sie sich auch als kleine, aber feine Hauptmahlzeit gut. Italienische Bandnudeln kommen in einer Breite von bis zu einem Zentimeter daher und nennen sich Fettuccine, Tagliatelle oder Pappardelle. In der Türkei bezeichnet man sie als Eriste und serviert sie gern zusammen mit Joghurt. Die im Handel erhältlichen frischen Bandnudeln sind fast immer mit viel Ei versehen, sodass es sich bei der tiereiweißfreien Ernährung empfiehlt, gerade diese Ausprägung selbst herzustellen.

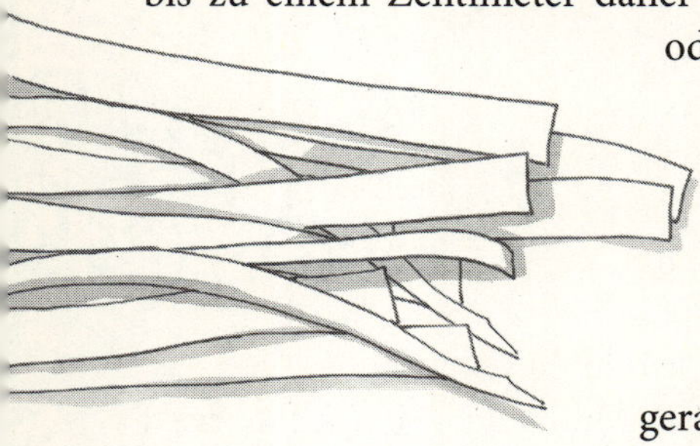

Spätzle:
Diese im süddeutschen Raum, aber auch in der Ostschweiz und in Tirol beliebte Nudelsorte wird aus einem zähflüssigen, aber dennoch sehr elastischen Teig hergestellt und mit einer Presse ins siedende Kochwasser gedrückt oder vom Brett direkt ins Wasser geschabt. Spätzle werden klassisch als Beilage serviert oder auch mit Zwiebeln und (veganem) Käse überbacken. Die meisten der im Handel erhältlichen Spätzle weisen einen hohen Eigehalt auf. Spätzle lassen sich jedoch auch leicht ohne Ei zu Hause zubereiten.

Gefüllte Nudeln:
Gefüllte Nudeln sind vermutlich ein Relikt aus mittelalterlichen Küchen, wo sie als eine Art »Resteverwertung« dienten. Reste vom Vortag zerhackte man damals fein säuberlich, fügte Würzmittel nach Geschmack hinzu und umhüllte das Ganze mit einem Nudelteig. Heute kennen wir unzählige Formen und Füllungen. Aus Italien stammen unter anderem Ravioli, Tortellini, Cappelletti und Cannelloni. In Süddeutschland serviert man Maultaschen, in Österreich Kärntner Nudeln mit süßen wie herzhaften Füllungen. In der Türkei serviert man kleine Teigtaschen, die Manti genannt werden, mit Joghurt und scharfem Chili-Öl. In der chinesischen Küche werden Teigblätter aus Weizenmehl gefüllt und als Wan-Tans bezeichnet. Traditionell werden sie nach dem Füllen in kleinen Bambuskörbchen gedämpft. Man kann sie jedoch auch kochen oder frittieren. Gyozas sind japanische Teigtaschen, deren Herstellung ein besonderes Maß an Fingerspitzengefühl und Fingerfertigkeit verlangt, weil die Taschen kunstvoll mit akkuratem Faltenwurf geformt werden.

Kleine Nudeln:
Nudelwinzlinge werden in Italien liebevoll als Pastina bezeichnet und Suppen wie Eintöpfen beigefügt. Manche, wie die italienischen Orzo oder Manestra sowie die griechischen Kritharaki-Nudeln, sehen aus wie Reiskörner, sind aber dennoch aus Hartweizengrieß gefertigt. Hierzulande sind vor allem Sternchen-, Buchstaben- oder Fadennudeln beliebt, die nur eine minimale Kochzeit von unter zehn Minuten benötigen.

Asiatische Reisnudeln:
Reisnudeln werden aus Reismehl und Wasser angerührt. Wir in Europa kennen in der Regel nur die fadendünnen Reisnudeln, die als Suppeneinlage oder auch als Zugabe bei Wokgerichten verwendet werden. In Asien werden Reisnudeln jedoch in vielen Formen und Größen verwendet, die Spanne reicht dort von dünn wie Spaghetti über breit wie Bandnudeln bis groß wie Lasagneblätter. Sie kommen in Suppen, Salaten wie auch im Wok zum Einsatz. Damit sie nicht aneinanderkleben, empfiehlt es sich unbedingt, sie nach der (kurzen) Kochzeit unter kaltem Wasser abzuschrecken.

Glasnudeln:
Die transparent weißen, nach dem Kochen allerdings durchsichtigen Nudeln werden aus Mungbohnen- oder Sojastärke hergestellt. In Japan verwendet man auch Süßkartoffel- und Pfeilwurzmehl. Glasnudeln werden nicht gekocht, sondern nur kurz in heißem Wasser eingeweicht und für Suppen und Salate verwendet.

Mie-Nudeln:
Diese südostasiatische Spezialität ähnelt in Zubereitung und Geschmack den Spaghetti und wird aus Weizenmehl mit oder ohne Zugabe von Ei (Zutatenliste beachten!) hergestellt. Die langen, gekräuselten Nudeln werden zu Nestern oder Blöcken gebündelt angeboten. Da Mie-Nudeln oft vorbehandelt sind, garen sie schneller als Spaghetti oder müssen im

kochend heißen Wasser sogar nur quellen. Dafür sind sie jedoch weniger »bissfest«. Sie werden in Suppen, Salaten oder in Wokgerichten verwendet.

Japanische Weizennudeln:
In Japan bezeichnet man die dünnen, langen Fadennudeln als Ramen, die vorzugsweise als Suppeneinlage dienen. Andere Fadennudeln, Somen, schmecken dagegen leicht süßlich und werden oft kalt verzehrt. Hiyamugi sind mittelstarke, Udon dicke Nudeln aus Weizenmehl. Da der Teig sehr fest ist und sich nur sehr schwer bearbeiten lässt, wird die Zubereitung von Udon-Nudeln als Kunst betrachtet. Köche, die Udonteig auf traditionelle Weise zubereiten, kneten den Teig so lange mit den Füßen, bis er elastisch genug ist, um mit einem sehr langen Nudelholz ausgerollt zu werden. Danach wird der Teig gefaltet und mit einem speziellen Messer, dem *Udon-kiri,* in Form geschnitten. Die fertig gekochten Nudeln werden auf unterschiedlichste Weise warm, aber auch kalt serviert.

Soba-Nudeln:
Soba ist das japanische Wort für Buchweizen, bezeichnet aber gleichzeitig die braungrauen, aus Buchweizenmehl hergestellten Nudeln. Traditionell bestehen Soba-Nudeln zu 100 Prozent aus Buchweizen, inzwischen gibt es aber Varianten, bei denen Weizenmehl zugemischt wird. Um das Prädikat »echte Soba-Nudel« zu verdienen, muss diese japanische Spezialität jedoch zu mindestens 30 Prozent aus Buchweizenmehl gefertigt sein. Buchweizenmehl enthält kein Klebereiweiß, wodurch es sich sehr schwer zu einem Teig verarbeiten lässt. Handgemachte Soba-Nudeln werden in Japan sehr geschätzt, sodass es Köche und auch Restaurants gibt, die sich speziell auf deren Zubereitung spezialisiert haben. Je nach Jahreszeit werden Soba-Nudeln kalt oder warm mit Sauce oder anderen Beilagen gereicht.

Helfer beim Do-it-yourself-Nudeln

Nudeln in der eigenen Küche selbst herzustellen, bedarf keiner Hexerei, lediglich etwas an gutem Willen, Muskelkraft und Zeit. Denn bis die fertig gekochten Nudeln auf dem Teller liegen, vergehen etwa zwei Stunden. Die Warte- beziehungsweise Trockenzeiten sind dabei jedoch schon eingerechnet. Wer in Eile ist, sollte besser auf getrocknete Nudeln aus der Tüte zurückgreifen, denn gekonntes »Nudeln« verlangt Muße. Wenn man jedoch eine schöne CD einlegt und nebenbei ein leckeres Getränk nach Wahl schlürft, kann die »Nudelei« durchaus entspannend sein. Besonders viel Spaß macht es, mit der Familie oder Freunden zusammen am Tisch zu werkeln. Damit das nudelige Treiben von Erfolg gekrönt ist, empfehle ich, folgende Hilfsmittel oder Küchenutensilien bereit zu halten:

- Eine **große Schüssel,** um die Zutaten miteinander zu vermischen. Wenn in der Küche genügend Arbeitsfläche vorhanden ist, kann der Teig auch direkt auf der Arbeitsfläche zusammengemischt und geknetet werden. In Italien verwendet man gern ein großes Schneidbrett aus glatt poliertem Marmor, das schwer genug ist, damit es beim Kneten und Walken nicht ins Rutschen kommt. Ein großes Holzbrett mit Anlegekante, mit der man das Brett am Tisch oder an der Arbeitsplatte fixieren kann, ist ebenso gut geeignet.
- Einen **Handmixer oder eine Küchenmaschine mit Teigmixfunktion,** wenn Sie den Teig zunächst zusammenrühren möchten. Der Teig muss danach jedoch noch auf jeden Fall genügend lange von Hand geknetet werden.
- Ein **Messer,** um den Nudelteig zu portionieren und zu schneiden.
- Ein **Nudelholz** zum Ausrollen des Teigs.

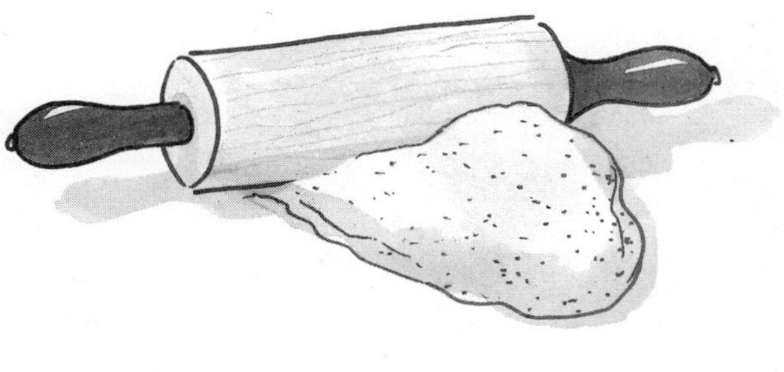

- Ein **Wasserglas oder auch ein Plätzchenförmchen,** um zum Beispiel Ravioli oder Maultaschen auszustechen. Besonders einfach geht das Ausstechen und Füllen mit speziellen Teigtaschenformern. Für Ravioli gibt es im Handel spezielle Ravioliformer oder -brettchen.
- **Geschirrtücher,** auf denen die geschnittenen Nudeln abgelegt werden können. Bei der Herstellung von Cannelloni wird ein feuchtes Geschirrtuch benötigt, auf das man den Teig zum Füllen und Zusammenrollen platziert.
- **Frischhaltefolie oder Gefrierbeutel,** in die der Nudelteig für die Ruhezeit im Kühlschrank eingehüllt werden kann. Wenn Sie keine Produkte aus Kunststoff verwenden möchten, können Sie den Teig auch in ein angefeuchtetes Geschirrtuch schlagen.
- Ein **kleines Schälchen** für eine Klebermischung, die aus vier Esslöffel Wasser, die mit einem Esslöffel Speisestärke verrührt werden, besteht. Wenn man die Ränder der Teigtaschen vor dem Zusammenklappen damit bestreicht, kleben sie besser zusammen und platzen beim Garen nicht auf.
- Ein **Teigrädchen,** um Teigplatten für Lasagne oder Cannelloni formgerecht zu schneiden.
- Einen **großen Kochtopf** mit etwa fünf Liter Fassungsvermögen, damit die Nudeln in genügend Kochwasser schwimmen können.
- Einen **Durchschlag,** um die Nudeln nach dem Kochen abzugießen. Die echten Kochprofis benutzen übrigens einen Durchschlag aus Kunststoff oder Emaille, weil sich die Nudeln bei einem Gerät aus Edelstahl mitunter etwas »anhänglich« zeigen.
- Eine **Pasta- beziehungsweise Nudelmaschine** ist zwar kein unentbehrlicher, aber ein sehr empfehlenswerter Helfer bei der heimischen Nudelherstellung, weil man sich mit den kleinen, kompakten Geräten viel Arbeit und Einsatz von Muskelkraft ersparen kann. Für den normalen Hausgebrauch reicht eine handbetriebene Pastamaschine mit einer Grundwalze und einem Vorsatz für zwei Schneidewalzen zur Herstellung von Lasagne, Cannelloni und Bandnudeln in zwei Stärken völlig aus. Diese Geräte sind im Handel mitunter recht günstig zu erhalten. Aufwendigere Pastamaschinen, mit denen zum Beispiel auch Hohlnudeln wie Spaghetti oder Ravioli zubereitet werden können, kosten entsprechend mehr. Vollautomatische elektrische Pastamaschinen

übernehmen alle Arbeitsschritte vom Mischen der Zutaten bis zum Schneiden der Nudeln. Die Anschaffung dieser teuren Geräte lohnt jedoch nur, wenn man mehrmals wöchentlich frische Teigwaren zubereiten möchte oder eine Großfamilie zu versorgen hat.

- Ein **Pastaständer,** auf dem die geschnittenen Nudeln zum Trocknen aufgehängt werden können, ist ein lustig anzusehendes, aber praktisches Utensil, das an einen vielarmigen Handtuchtrockner erinnert. Im Prinzip reicht allerdings auch eine gespannte Wäscheleine oder eine auf zwei Stuhllehnen gelegte Besenstange aus, um die Nudeln beim Trockenvorgang vor dem Verkleben zu schützen. In Italien habe ich gesehen, wie die geschnittenen Nudeln sternförmig in lockeren Lagen über einfache Kaffeetassen gelegt wurden. Eine Methode, bei der ebenfalls kein finanzieller Aufwand betrieben werden muss, besteht darin, kleine Nudelnester aus locker zusammengeschobenen Nudeln in Mehl zu wenden und diese auf ein Geschirrtuch zu legen.
- Manche **Brotbackautomaten** haben ein zusätzliches Programm, um Nudelteig anzurühren. Damit kann man sich das Verrühren und Kneten von Hand ersparen.

Auf die Nudel – fertig los!

Die Teigherstellung

Die Zutaten zur Herstellung eines guten Nudelteigs sind schnell zusammengestellt, weil der Teig lediglich aus Mehl oder Grieß, Wasser und Salz besteht. Bitte beachten Sie jedoch, dass Sie bei der Verwendung von frisch selbst vermahlenen Mehlen etwas mehr Wasser benötigen als mit handelsüblichen Mehlsorten. Die Zugabe von Öl sorgt bei Teigen, die ohne Ei zusammengerührt werden, für etwas mehr Geschmeidigkeit und Elastizität. Bindemittel wie Johannisbrotkernmehl geben dem Ganzen beim Kochen Stabilität.

Die Zutaten werden relativ schnell zusammengerührt, wobei das Wasser zuletzt und am besten portionsweise unterzukneten ist. Das Zusammenrühren kann mit dem Handmixer oder der Küchenmaschine geschehen. Ich benutze dazu jedoch lediglich einen einfachen Kochlöffel und gehe schnell zur »Handarbeit« über, weil ich so ein besseres Gefühl für den Teig habe. Der Teig wird nun kräftig durchgeknetet und das über mindestens zehn, besser 15 Minuten. Die entsprechende Hintergrundmusik hilft, die Zeit zu überbrücken. Nach dem ausführlichen Kneten und Walken sollte der Teig nun glatt, glänzend und geschmeidig sein und nicht mehr am Untergrund kleben. Tut er dies dennoch, empfiehlt es sich, ein wenig zusätzliches Mehl einzuarbeiten. Weist der Teig Risse auf, weil er noch zu hart ist, muss noch Wasser oder Öl hinzugefügt werden.

Der fertig geknetete Teig wird zur Kugel ausgeformt und mit einem zusätzlichen Esslöffel Mehl überstäubt. Dann schlägt man ihn in Frischhaltefolie ein und lässt ihn mindestens 30 Minuten im Kühlschrank ruhen. In dieser Ruhephase können Teig und Mensch entspannen!

Die Teigverarbeitung

Nun ist es an der Zeit, den Teig in drei bis vier Portionen zu schneiden. Die nicht benötigten Portionen belassen Sie bitte in Frischhaltefolie eingeschlagen im Kühlschrank. Die ausgewählte Teigportion wird zwischen den bemehlten Handflächen etwas abgeflacht, dann auf der gut bemehlten Arbeitsfläche mit einem Nudelholz dünn ausgerollt. Es empfiehlt sich, dabei diagonal, also von rechts unten nach links oben und umgekehrt zu arbeiten. Zwischenzeitlich immer einmal wieder die Arbeitsfläche mit etwas Mehl bestreuen.

Die fertige Teigplatte ebenfalls etwas bemehlen und in der Mitte zusammenklappen. Danach nochmals bemehlen und erneut zusammenklappen. Eine zweite Möglichkeit, den Teig zum Schneiden vorzubereiten, besteht darin, ihn wie einen dünnen Pfannkuchen aufzurollen.

Den Teig, egal ob er von Hand übereinander geklappt oder gerollt wurde, nun mit einem scharfen Messer in Streifen schneiden, die in der Breite der gewünschten Nudelausformung entsprechen.

Falls eine Pastamaschine zur Verfügung steht, kann diese (mit Ihrer Hilfe) das Auswalzen und Schneiden übernehmen. Dazu die abgeschnittene Teigportion von beiden Seiten mit etwas Mehl bestäuben und durch die Grundwalze drehen, wodurch sich eine relativ dicke Teigplatte ergibt. Falls der Teig noch etwas »klumpig« erscheint, sollte dieser Schritt zwei- bis dreimal wiederholt werden. Nun arbeitet man sich Schritt für Schritt, oder anders gesagt, von Walze zu Walze vorwärts. Mit jedem Mal, bei dem der Teig eine weitere Walze durchläuft, wird ein engerer Walzenabstand gewählt, sodass die Teigbahn entsprechend dünner wird. Sobald der Teig die gewünschte Konsistenz beziehungsweise Dicke erreicht hat (in der Regel reicht die zweitletzte Stufe auf der Skala der Pastamaschine aus), ist er bereit, in die endgültige Form gebracht zu werden.

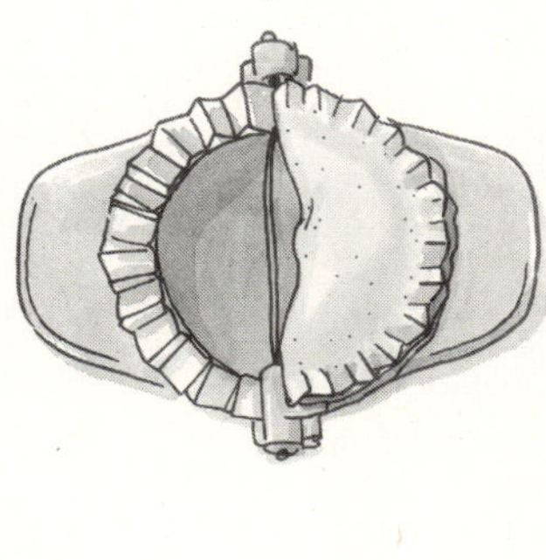

Eine Möglichkeit dazu besteht darin, die Teigbahn nun vorsichtig durch eine der Schneidewalzen zu drehen, wodurch sich Bandnudeln ergeben. Die Teigbahnen können ab diesem Stadium jedoch auch per Hand entweder für Lasagne oder Cannelloni zurechtgeschnitten werden. Oder man sticht nach Wunsch Kreise oder Vierecke für gefüllte Teigwaren aus. Teigreste werden dabei wieder zusammengeknetet, kurz kalt gestellt und erneut ausgerollt und ausgestochen.

Bevor die geschnittenen Teigwaren ins kochende Wasser kommen, sollten sie auf jeden Fall mindestens 15 Minuten ruhen. Längere Trockenzeiten schaden nichts; so können Sie die Nudeln zum Beispiel auch am Vortag herstellen, über Nacht bei Zimmertemperatur trocknen lassen und erst dann kochen. Welche Möglichkeiten es gibt, die Nudeln vor dem Kochen zu trocknen, können Sie dem Kapitel »Helfer beim Do-it-yourself-Nudeln« auf Seite 23 entnehmen.

Das Kochen

Nudeln und Pasta wollen, um während des Kochvorgangs nicht aneinanderzukleben, frei schwimmen. Pro 100 Gramm getrocknete Teigwaren rechnet man in etwa einen Liter Wasser. Bei den in diesem Buch vorgestellten Teigwarenvariationen sind in der Regel vier Liter Wasser nötig; die jeweils geforderte Menge entnehmen Sie bitte dem entsprechenden Rezept. Weil Nudeln beim Kochen Auftrieb bekommen, eignet sich ein großer hoher Topf besser als ein breiter, flacher.

Größere Mengen von gefüllten Teigwaren wie Maultaschen oder Ravioli, die beim Kochen leicht aneinanderstoßen und damit aufplatzen können, empfiehlt es sich, portionsweise in einer hochwandigen Pfanne oder in einem breiten, flachen Topf zu garen. Immer nur so viele Teigwaren hineingeben, wie bequem nebeneinander liegen können. Auch bestimmte Spätzlevariationen, besonders solche mit hohem Vollkornmehlanteil, lassen sich besser portionsweise garen, weil sie sonst leicht aneinanderhaften. Während die restlichen Spätzle oder gefüllten Nudelspezialitäten im Topf garen, empfiehlt es sich, die bereits fertig gegarten Teigwaren in einer Schüssel im Backofen bei 80 °C warm zu halten.

Obwohl in den meisten selbst hergestellten Teigen Salz enthalten ist, schmecken die fertig gekochten Nudeln herzhafter, wenn beim Kochen noch zusätzlich ein bis zwei Teelöffel Salz hinzugefügt werden. (Das Salz allerdings nicht sofort mit dem Kochwasser in den Topf geben, sondern erst dann hinzufügen, wenn das Wasser im Topf sprudelnd kocht.) Lange Nudeln wie Spaghetti oder Makkaroni oder auch gefüllte Teigwaren behutsam ins Wasser gleiten lassen. Während der Kochzeit mindestens einmal vorsichtig mit einem Holzlöffel rühren, damit die Teigwaren nicht am Kochtopfboden ansetzen. Das Wasser sollte während des gesamten Kochvorgangs leicht sprudeln. Den Topf auf keinen Fall mit dem Deckel verschließen, weil das Nudelwasser sonst schnell überkocht und die Teigwaren beim Garen mit geschlossenem Deckel leichter zusammenkleben. Durch die beim Kochen im offenen Topf aufsteigenden Sauerstoffbläschen werden die Nudeln ständig in Bewegung gehalten, so wird das Verkleben verhindert.

Hausgemachte Nudeln haben eine kürzere Kochzeit als industriell gefertigte Trockenware. Meistens sind die Hausgemachten schon in drei bis vier Minuten fertig gegart. Sicherheitshalber jedoch, das gilt auch für Tütenware, erst einmal eine einzelne Nudel aus dem Kochwasser entnehmen und probieren. Die angegebenen Kochzeiten sind lediglich Richtwerte. Perfekt gegarte Nudeln sollen außen zwar weich, im Kern aber noch al dente, also bissfest sein.

Das Servieren

Die bissfest gegarten Teigwaren in einen Durchschlag gießen, in eine Schüssel oder auf Teller geben und sofort mit der Sauce vermischen. Die vom Kochen porös gewordene Oberfläche der Teigwaren ist jetzt besonders »empfänglich« für die vorbereiteten Saucen. Nudeln und Saucen bleiben auch während des Servierens schön warm, wenn man sie in eine vorgewärmte Schüssel gibt. Die gekochten Nudeln auf keinen Fall mit kaltem Wasser abschrecken. Diese Verfahrensweise empfiehlt sich nur, wenn Sie die Nudeln zu Salaten weiterverarbeiten möchten.

In Italien gilt die Regel: »Die Gäste sollen auf die Pasta warten und nicht umgekehrt«. Für perfekten Nudelgenuss empfiehlt es sich, diese Regel auch hierzulande anzuwenden.

Das Lagern

Industriell gefertigte, getrocknete Nudeln sind für die Langzeitlagerung bestimmt und können bis zu einem Jahr warten, bis sie im Kochtopf landen (siehe Haltbarkeitsdatum).

Frische Teigwaren, ob nun industriell am Fließband oder im eigenen Heim hergestellt, müssen deutlich früher verzehrt werden. Die Haltbarkeit richtet sich nach dem Verarbeitungsgrad:

Frisch gekochte Nudeln halten sich abgedeckt im Kühlschrank zwei bis drei Tage. Auch mit einer Sauce vermengt, können sie bis zum übernächsten Tag warten, bis sie endgültig verzehrt werden. Ausnahmen davon bilden Saucen mit leicht verderblichen Zutaten wie zum Beispiel Avocado. Diese sollten den direkten Weg von Topf oder Pfanne auf den Teller finden.

Reste von frisch gekochten Nudeln lassen sich einfrieren und bis zu sechs Wochen in der Tiefkühltruhe zwischenlagern. Sollen die Nudeln dann verzehrt werden, empfiehlt es sich, sie direkt in die Sauce oder Suppe zu geben und darin zu erhitzen. Am problemlosesten lassen sich Nudeln mit Sauce einfrieren, weil die Nudeln dann beim Wiedererhitzen ihre Form behalten und nicht zu trocken werden. Das eingefrorene Nudelgericht dafür einfach in einen Topf geben, vier bis fünf Esslöffel Wasser hinzufügen und bei knapp mittlerer Temperatur langsam auf Verzehrtemperatur bringen.

Frisch gekochte gefüllte Teigwaren wie Maultaschen oder Cannelloni halten sich, kühl gelagert und in einem Gefäß, mit Deckel verschlossen, ebenso zwei bis drei Tage. Auch hier sollte man das Augenmerk nicht so sehr auf den Nudelteig, sondern vielmehr auf die Füllung richten. Füllungen mit Pilzen oder Spinat sollten von einem auf den anderen Tag verzehrt werden. Beim Aufwärmen darauf achten, dass die gefüllten Teigwaren gründlich durcherhitzt werden.

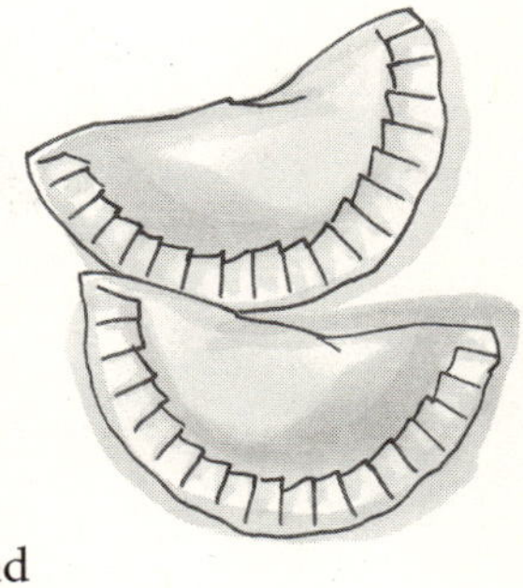

Gefüllte Teigwaren lassen sich, ob gerade frisch gefüllt oder bereits fertig gekocht, prima einfrieren. Besonders frisch gefüllten Ravioli und Co. sollte man jedoch eine Ruhephase von 30 Minuten gönnen, bevor man sie in der Tiefkühltruhe in den Eisschlaf legt. Damit sie nicht aneinanderkleben, empfiehlt es sich, die gefüllten Teigwaren zuerst nebeneinander auf ein mit Frischhaltefolie ausgekleidetes Tablett zu legen und dort einfrieren zu lassen. Im gefrorenen Zustand kann man sie dann in Gefriertüten oder Kunststoffdosen umfüllen.

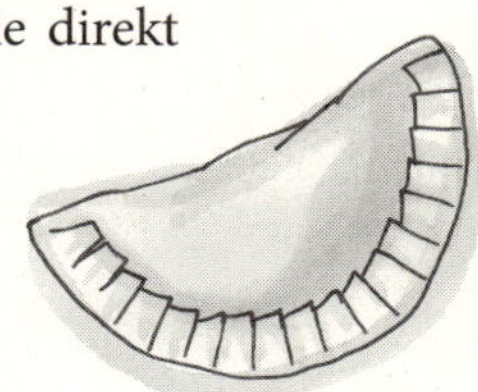

Will man sie später verbrauchen, sollte man sie direkt von der Tiefkühltruhe ins kochende Wasser geben. Im an- oder komplett aufgetauten Zustand wird der Teig leicht »schmierig« und klebt.

Frisch gekneteter Nudelteig kann, in Frischhaltefolie eingeschlagen, im Kühlschrank gut ein bis zwei Tage überdauern. Er lässt sich jedoch auch prima für etwa sechs Wochen einfrieren. Danach sollte er im aufgetauten Zustand noch einmal kurz durchgeknetet und dann zügig zur gewünschten Teigware verarbeitet werden.

Frisch ausgewalzte und geschnittene Nudeln können bei Zimmertemperatur problemlos über Nacht gelagert werden. Dazu sollten sie jedoch locker hängen oder locker auf einem großen Tablett liegen, welches zusätzlich mit einem Geschirrtuch abgedeckt wird.

Will man die hausgemachten geschnittenen Nudeln als Vorrat (bis zu einem Monat) aufbewahren, sollte bei der Teigzubereitung auf keinen Fall Salz hinzugefügt werden. Salz zieht Feuchtigkeit an, was zur Schimmelbildung oder zu leichterem Verderben führen kann. Die geschnittenen Nudeln müssen zur Vorratshaltung komplett durchgetrocknet werden, was je nach Raumtemperatur schon einmal zwei Tage dauern kann. Schneller geht es, wenn man die Teigwaren bei 50 – 60 °C in den Backofen gibt und dort durchtrocknen lässt. Sobald sie hart (und in dem Zustand leider auch leicht brüchig) sind, kann man sie in eine Gefriertüte oder eine verschließbare Dose umfüllen und bis zu vier Wochen bei Raumtemperatur lagern. In der Tiefkühltruhe halten sie sich deutlich länger, bis zu sechs Monate.

Eine weitere Möglichkeit, frisch ausgewalzte und geschnittene Nudeln haltbar zu machen, besteht darin, sie kurz in kochendem Wasser zu blanchieren, dann gut abtropfen zu lassen und in frostfesten Kunststoffdosen in die Tiefkühltruhe zu geben. Dort sollten sie jedoch nicht länger als drei Monate verweilen.

Mit Spinat, Kräutern oder Tomatenmark eingefärbte Nudeln sollten besser frisch verzehrt oder angetrocknet (60 Minuten genügen dafür in der Regel) eingefroren werden.

Generell gilt bei hausgemachten Nudeln und Teigwaren jedoch das Motto: je frischer, desto leckerer! Der Geschmack von frisch gekochtem Nudelwerk, das direkt vom Topf auf den Teller geschöpft wird, ist einfach unvergleichlich. Außerdem wird man so direkt für alle mit dem Nudelmachen verbundenen Mühen belohnt.

Das Essen ...

... sollte natürlich das genussvolle Ende der Nudelzubereitung darstellen. Damit es dabei wirklich ein Happy End gibt, gilt es ein paar kleine Regeln zu beachten:

Kompaktnudeln wie Hörnchen, Spiralen oder Farfalle werden mit Messer und Gabel gegessen. Man sollte jedoch darauf achten, dass man die Gabel nicht zu voll lädt, weil insbesondere runde Nudeln schnell von den Zinken kullern. Suppennudeln in Suppen werden natürlich mit dem Löffel gelöffelt.

Spaghetti mit Löffel und Gabel zu Leibe zu rücken, ist in Deutschland zwar nicht verpönt, entspricht allerdings nicht dem italienischen Pasta-Knigge. In Italien isst man lange Nudeln wie Spaghetti lediglich mit der Gabel. Die Kunst besteht darin, nur ganz wenige Spaghetti auf die Gabel zu wickeln und dann zum Mund zu führen. Das sollte natürlich so geräuschlos wie möglich geschehen. Spaghetti mit dem Messer klein zu schneiden, ist, zumindest in Italien, nur am Kindertisch erlaubt.

Männliche Spaghetti-Esser befinden sich oft in einem doppelten Dilemma: Einerseits wird von ihnen erwartet, dass sie die Spaghetti kunstvoll in den Mund befördern. Andererseits darf dabei die locker vor der Brust baumelnde Krawatte nicht in Mitleidenschaft gezogen werden. Was in dieser Situation überhaupt nicht angesagt ist, ist die Krawatte über die Schulter zu werfen. Besser ist es, mit einem souveränen Lächeln die Krawatte abzuziehen. Eine Geste, die man in italienischen Restaurants übrigens häufig beobachten kann. Oder man erlangt die geforderte Souveränität durch Üben, Üben und nochmals Üben!

Ein letztes Wort noch an alle männlichen wie weiblichen Nudelesser. Auch wenn die schön rote Tomatensauce unweigerlich unschöne Spritzer auf Hemd oder Bluse hinterlässt – es wäre völlig uncool, die Serviette wie beim Zahnarzt um den Hals zu knoten oder in den Hemdkragen zu stecken. Der Platz der Serviette ist und bleibt auch beim Nudelgenuss auf dem Schoß.

In diesem Sinn: wohl bekomm's!

Hinweise zu den Rezepten

Soweit nicht anders angegeben, sind die Rezepte jeweils für **vier Personen** berechnet.

Verwendete Abkürzungen:

EL	=	Esslöffel (gestrichen)
TL	=	Teelöffel (gestrichen)
MSP	=	Messerspitze

Frei von tierischen Bestandteilen

In den Rezepten werden Zutaten wie industriell gefertigte Nudeln, gekörnte Gemüsebrühe, Senf, Margarine, Soja- und Chilisauce, Zartbitterschokolade sowie einige Kräuter- und Gewürzmischungen verwendet.

Bitte beachten Sie, dass damit ausschließlich Produkte, die keinerlei tierische Bestandteile enthalten, gemeint sind. Viele Nudelsorten, beispielsweise Mie-Nudeln oder Spiralnudeln, gibt es mit und ohne Ei. Im Zweifelsfall werfen Sie bitte einen kritischen Blick auf die Zutatenliste oder fragen Sie den Hersteller.

Menge der Gewürze

Die Angaben zur Menge der verwendeten Gewürze, von Ingwer und Zwiebeln sind Durchschnittswerte. Prüfen Sie bitte im Einzelfall, was Ihnen schmeckt und bekommt und wie viel Sie verwenden möchten.

In den Rezepten empfehle ich (grobes) Meersalz. Selbstverständlich steht es Ihnen frei, anderes Speisesalz zu verwenden. Bitte dosieren Sie in diesem Fall vorsichtig und würzen Sie lieber nach.

Verwendung von Knoblauch

In einigen Rezepten wird der Gebrauch von Knoblauch vorgeschlagen. Falls Ihr Umfeld auf Knoblauch empfindlich reagiert, können Sie entweder die im Rezept angegebene Menge reduzieren, ganz auf den Knoblauch verzichten oder ihn durch andere Zwiebelgewächse ersetzen. Anstelle von einer Knoblauchzehe können Sie einen knappen Teelöffel fein gehackte Schalotte oder Frühlingszwiebel verwenden. Wenn Sie den grünen Keim im Inneren der Knoblauchzehe entfernen, wird der Geruch reduziert, die Bekömmlichkeit von Knoblauch dagegen gesteigert.

Zu den Backtemperaturen

Alle Temperaturen für Backöfen gelten, sofern nicht anders angegeben, für Elektroöfen mit Umluftfunktion. Bei Gasbacköfen oder Elektroöfen ohne Umluft bitte die Angaben des Herstellers beachten und die entsprechende Temperatur aus der Bedienungsanleitung entnehmen. Bei Angabe der Garzeiten wird, sofern im Rezept nicht ausdrücklich anders erwähnt, von einem vorgeheizten Backofen ausgegangen.

Hausgemachte Nudeln

Waren Sie bisher der Meinung, dass Nudel gleich Nudel ist? Weil die Nudel an sich nur aus Mehl und Wasser besteht? Das stimmt und stimmt gleichzeitig nicht. Denn Nudeln können so vielseitig sein, wie die Regionen oder Länder, aus denen sie kommen.

Treten Sie ein in die schmackhafte Welt der hausgemachten Nudelküche und folgen Sie mir auf eine kleine Nudelreise von Europa bis nach Asien.

Buchweizennudeln aus Graubünden

270 g Weizenmehl (Type 1050)
130 g Buchweizenmehl
1 TL Meersalz
2 EL Olivenöl
210 – 220 ml Wasser
1 EL Weizenmehl (Type 1050)
Weizenmehl für die Arbeitsfläche

4 l Wasser
1 – 2 TL Meersalz

- Die trockenen Zutaten in einer großen Schüssel vermischen.
- In der Mitte des Mehls eine Mulde ausformen und das Olivenöl hineingeben. Mit einer Gabel von der Mitte her mit dem Mehlgemisch vermengen.
- Unter Kneten das Wasser hinzufügen. So lange kneten, bis der Teig geschmeidig ist und nicht mehr am Schüsselboden oder -rand klebt.
- Den Teig zur Kugel formen und mit dem Mehl überstäuben. In Frischhaltefolie einschlagen und 60 Minuten im Kühlschrank ruhen lassen.
- Danach den Teig in vier Teile schneiden und portionsweise weiterverarbeiten. Die nicht verwendeten Portionen im Kühlschrank belassen.
- Den Teig entweder mit dem Nudelholz auf der gut bemehlten Arbeitsfläche oder mit einer Pastamaschine 2 – 3 Millimeter dünn ausrollen.
- Die Teigbahnen in Streifen schneiden (Breite nach Wahl).
  Die geschnittenen Nudeln 15 Minuten ruhen lassen.
- Das Wasser mit dem Salz zum Kochen bringen und die Nudeln darin bissfest garen. (Die Kochzeit hängt von der Breite der Nudeln ab.)
- Die Nudeln in einen Durchschlag geben und abtropfen lassen.

Buchweizennudeln aus Japan

220 g Weizenvollkornmehl
180 g Buchweizenmehl
1 TL Meersalz
etwa ¼ l Wasser
1 EL Weizenvollkornmehl
Weizenmehl für die Arbeitsfläche

4 l Wasser
1 TL Meersalz

- Die Mehle und das Salz in einer großen Schüssel vermischen.
- In der Mitte des Mehls eine Mulde ausformen und das Wasser hineingeben. Mit einer Gabel von der Mitte her mit dem Mehlgemisch vermengen. So lange kneten, bis der Teig geschmeidig ist und nicht mehr am Schüsselboden oder -rand klebt.
- Teig zur Kugel formen und mit Vollkornmehl überstäuben. In Frischhaltefolie einschlagen und 60 Minuten im Kühlschrank ruhen lassen.
- Danach den Teig in drei Teile schneiden und portionsweise weiterverarbeiten: Mit dem Nudelholz auf der gut bemehlten Arbeitsfläche oder mit einer Pastamaschine etwa 2 Millimeter dünn ausrollen.
  Die nicht verwendeten Portionen im Kühlschrank belassen.
- Die Teigbahnen in 2 – 3 Millimeter breite Streifen schneiden (oder schneiden lassen). Die geschnittenen Nudeln 15 Minuten ruhen lassen.
- Das Wasser mit dem Salz zum Kochen bringen und die Nudeln darin in 2 – 3 Minuten bissfest garen.

Tipp! *Soba* ist das japanische Wort für Buchweizen und bezeichnet gleichzeitig auch die aus Buchweizenmehl hergestellten Nudeln. Soba werden in Japan sowohl heiß als auch kalt genossen und separat zu Brühe oder anderen Beilagen gereicht. Beim Kochen sollte auf häufiges Rühren während des Kochvorgangs verzichtet werden.

Hartweizennudeln

450 g Hartweizengrieß
1 TL Meersalz
3 EL Olivenöl
etwa 200 ml Wasser
Weizenmehl für die Arbeitsfläche

4 l Wasser
1 – 2 TL Meersalz

- Hartweizengrieß und Salz in einer großen Schüssel vermischen.
- In der Mitte des Grießes eine Mulde ausformen und das Olivenöl hineingeben. Mit einer Gabel von der Mitte her mit dem Hartweizengrieß vermengen.
- Das Wasser in kleinen Portionen dazugeben und alles zu einem geschmeidigen, aber noch relativ festen Teig verkneten. Sollte der Hartweizengrieß (je nach Sorte) sehr viel Wasser aufsaugen und der Teig in diesem Stadium noch leicht auseinanderfallen, ein wenig mehr Wasser hinzufügen.
- Den Teig zur Kugel formen, in Frischhaltefolie einschlagen und etwa 60 Minuten im Kühlschrank ruhen lassen.
- Danach den Teig in vier Teile schneiden und portionsweise weiterverarbeiten: Mit dem Nudelholz auf der gut bemehlten Arbeitsfläche oder mit Hilfe einer Pastamaschine dünn ausrollen.
- Die Teigbahnen in Streifen schneiden (Breite nach Wahl).
  Die geschnittenen Nudeln 15 Minuten ruhen lassen.
- Das Wasser mit dem Salz zum Kochen bringen und die Nudeln darin bissfest garen. (Die Kochzeit hängt von der Breite der Nudeln ab.)
- Die Nudeln in einen Durchschlag geben und abtropfen lassen.

Nudeln aus Kastanienmehl

250 g Weizenmehl (Type 1050)
150 g Kastanienmehl
2 TL Johannisbrotkernmehl
1 TL Meersalz
3 EL Raps- oder Sonnenblumenöl
etwa 220 ml Wasser
1 EL Weizenmehl (Type 1050)
Weizenmehl für die Arbeitsfläche

4 l Wasser
1 – 2 TL Meersalz

- Die trockenen Zutaten in einer großen Schüssel vermischen.
- In der Mitte des Mehls eine Mulde ausformen und das Rapsöl hineingeben. Mit einer Gabel von der Mitte her mit dem Mehlgemisch vermengen.
- Unter Kneten das Wasser hinzufügen. So lange kneten, bis der Teig geschmeidig ist und nicht mehr klebt.
- Den Teig zur Kugel formen, mit Mehl überstäuben und in Frischhaltefolie einschlagen. 60 Minuten im Kühlschrank ruhen lassen.
- Danach den Teig in vier Portionen teilen und portionsweise weiterverarbeiten: Den Teig mit dem Nudelholz auf der gut bemehlten Arbeitsfläche oder mit einer Pastamaschine 2 – 3 Millimeter dünn ausrollen.
- Die Teigbahnen in Streifen schneiden (Breite nach Wahl).
  Die geschnittenen Nudeln 30 Minuten ruhen lassen.
- Das Wasser mit dem Salz zum Kochen bringen und die Nudeln darin bissfest garen. (Die Kochzeit ist abhängig von der Breite der Nudeln.)
- Die Nudeln in einen Durchschlag geben und abtropfen lassen.

Tipp! Nudeln aus Kastanienmehlteig sind eine französische Spezialität.

Klassische Pasta

250 g Weizenmehl (Type 1050)
150 g Hartweizengrieß
1 TL Meersalz
4 EL Olivenöl
etwa 160 ml Wasser
1 EL Weizenmehl (Type 1050)
Weizenmehl für die Arbeitsfläche

4 l Wasser
1 – 2 TL Meersalz

- Das Mehl, den Weizengrieß und das Salz in einer großen Schüssel vermischen.
- In der Mitte des Mehls eine Mulde ausformen und das Olivenöl hineingeben. Von der Mitte her mit dem Mehlgemisch vermengen.
- Das Wasser in kleinen Portionen hinzufügen und alles zu einem geschmeidigen, aber noch relativ festen Teig verkneten.
- Den Teig zur Kugel formen und mit dem Weizenmehl überstäuben. In Frischhaltefolie einschlagen und 60 Minuten im Kühlschrank ruhen lassen.
- Danach den Teig in vier Teile schneiden und portionsweise weiterverarbeiten: Den Teig mit dem Nudelholz auf der gut bemehlten Arbeitsfläche oder mit einer Pastamaschine 2 – 3 Millimeter dünn ausrollen. Die nicht verwendeten Portionen im Kühlschrank belassen.
- Die Teigbahnen in Streifen schneiden (Breite nach Wahl). Die geschnittenen Nudeln 15 Minuten ruhen lassen.
- Das Wasser mit dem Salz zum Kochen bringen und die Nudeln darin bissfest garen. (Die Kochzeit hängt von der Breite der Nudeln ab.)
- Die Nudeln in einen Durchschlag geben und abtropfen lassen.

Tipp! Anstelle des Weizenmehls können Sie auch Dinkelmehl (Type 630 oder Type 1050) verwenden.

Kway Teow (Reisnudeln)

200 g Reismehl
50 g Weizenstärke
2 EL Speisestärke
1 TL Salz
5 – 6 EL Sonnenblumenöl
etwa 420 ml Wasser
Sonnenblumenöl zum Einfetten

- Die trockenen Zutaten miteinander vermischen.
- Erst das Öl, dann das Wasser unterrühren, sodass ein flüssiger Teig entsteht.
- Den Teig abdecken und mindestens 60 Minuten bei Zimmertemperatur ruhen lassen.
- Der Reismehlteig lässt sich am besten in einem Dampftopf aus Edelstahl weiterverarbeiten: Den Dampftopf mit Wasser füllen, das Wasser auf dem Herd zum Kochen bringen. Einen glatten Dampfeinsatz (ohne Löcher!) mit reichlich Öl einstreichen.
- Eine große Schöpfkelle Reismehlteig in den Dampfeinsatz geben, den Einsatz auf den Dampftopf stellen. Bei hoher Temperatur den Teig in gut 5 Minuten zum Stocken bringen.
- Fertiger kway teow schimmert nicht mehr hell durch, sondern hat eine milchige Farbe.
- Kway teow im Dampfeinsatz in eine Schüssel mit Eiswasser oder sehr kaltem Leitungswasser stellen. Darauf achten, dass das Wasser nicht mit dem gedämpften Teig in Berührung kommt.
- Den kway teow nach dem Abkühlen vorsichtig aus dem Dampfeinsatz lösen (Achtung: Er kann sehr leicht zerbrechen!), auf eine glatte Unterlage legen und in Streifen von etwa einem Zentimeter schneiden.
- So weiterverfahren, bis der Reismehlteig aufgebraucht ist. Der Teig reicht etwa für acht »Reismehl-Crêpes«.
- Kway teow entweder als Suppeneinlage verwenden oder in der Pfanne mit Sojasauce braten.

- Dazu eine Gemüsesauce Ihrer Wahl, zum Beispiel die Erdnuss-Ingwer-Sauce (siehe Seite 92) oder die Pilzsauce auf chinesische Art (siehe Seite 82), servieren.

Tipp! Falls Sie keinen Dampftopf besitzen, können Sie einen flachen, breiten Topf mit Wasser füllen, dieses zum Kochen bringen und eine beschichtete und gut eingeölte Pfanne auf den Topf stellen. Im Weiteren wie im Rezept beschrieben verfahren.

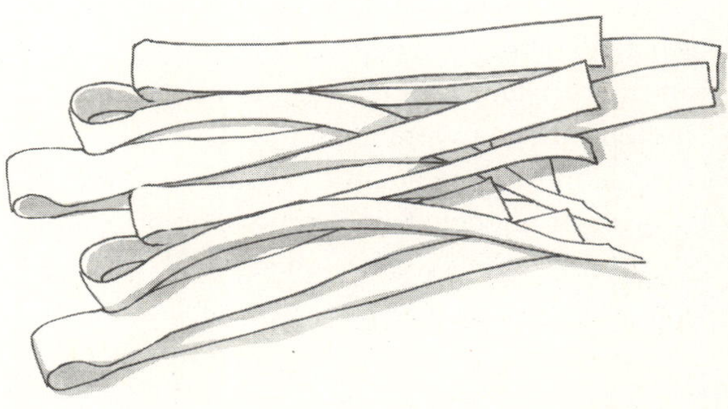

Kräuter-Dinkel-Nudeln

200 g Dinkelmehl (Type 630)
200 g Hartweizengrieß
1 TL Meersalz
2 – 3 Knoblauchzehen
5 EL Sonnenblumenöl
5 EL fein gehackte gemischte Gartenkräuter
(zum Beispiel Schnittlauch, Petersilie, Basilikum, Majoran, Thymian)
etwa 150 ml Wasser
1 EL Dinkelmehl (Type 630)
Dinkelmehl für die Arbeitsfläche

4 l Wasser
1 – 2 TL Meersalz

- Mehl, Grieß und Salz in einer großen Schüssel mischen.
- In der Mitte des Mehls eine Mulde ausformen und die durchgepressten Knoblauchzehen, das Öl und die fein gehackten Kräuter hineingeben. Mit einer Gabel von der Mitte her mit dem Mehlgemisch vermengen.
- Das Wasser in kleinen Portionen hinzufügen und alles zu einem glatten Teig verkneten.
- Den Teig zur Kugel formen und mit dem Dinkelmehl überstäuben. Danach in Frischhaltefolie einschlagen und 60 Minuten im Kühlschrank ruhen lassen.
- Den Teig in vier Teile schneiden und portionsweise weiterverarbeiten. Die nicht verwendeten Portionen im Kühlschrank belassen.
- Den Teig mit dem Nudelholz auf der gut bemehlten Arbeitsfläche oder mit einer Pastamaschine 2 – 3 Millimeter dünn ausrollen.
- Die Teigbahnen in Streifen schneiden (Breite nach Wahl). Die geschnittenen Nudeln 15 Minuten ruhen lassen.
- Das Wasser mit dem Salz zum Kochen bringen und die Nudeln darin bissfest garen. (Die Kochzeit hängt von der Breite der Nudeln ab.)
- Die Nudeln in einen Durchschlag geben und abtropfen lassen.

Maismehl-Chili-Nudeln

½ – 1 rote Chilischote (nach Belieben auch mehr)
250 g Weizenmehl (Type 1050)
150 g Maismehl
1 – 2 TL Meersalz
1 TL Johannisbrotkernmehl
4 EL Olivenöl
etwa 200 ml Wasser
1 EL Weizenmehl (Type 1050)
Weizenmehl für die Arbeitsfläche

4 l Wasser
1 – 2 TL Meersalz

- Die Chilischote der Länge nach halbieren. Die Samen und Zwischenwände entfernen und die Chilischote sehr fein hacken.
- Die trockenen Zutaten in einer großen Schüssel vermischen.
- In der Mitte des Mehls eine Mulde ausformen und das Olivenöl sowie die fein gehackte Chilischote hineingeben. Mit einer Gabel von der Mitte her mit dem Mehlgemisch vermengen.
- Unter Kneten das Wasser hinzufügen. So lange kneten, bis der Teig geschmeidig ist und nicht mehr am Schüsselboden oder -rand klebt.
- Den Teig zur Kugel formen und mit dem Mehl überstäuben. In Frischhaltefolie einschlagen und 60 Minuten im Kühlschrank ruhen lassen.
- Danach den Teig in vier Teile schneiden und portionsweise weiterverarbeiten. Die nicht verwendeten Portionen im Kühlschrank belassen.
- Den Teig mit dem Nudelholz auf der gut bemehlten Arbeitsfläche oder mit einer Pastamaschine 2 – 3 Millimeter dünn ausrollen.
- Die Teigbahnen in Streifen schneiden (Breite nach Wahl).
  Die geschnittenen Nudeln 15 Minuten ruhen lassen.
- Das Wasser mit dem Salz zum Kochen bringen und die Nudeln darin bissfest garen.
- Die Nudeln in einen Durchschlag geben und abtropfen lassen.

Spinatnudeln

200 g frischer Blattspinat
1 – 2 EL Olivenöl
1 TL Meersalz
200 g Weizenmehl (Type 1050)
200 g Hartweizengrieß
3 EL Olivenöl
etwa 80 ml Wasser
1 EL Weizenmehl (Type 1050)
Weizenmehl für die Arbeitsfläche

4 l Wasser
1 – 2 TL Meersalz

- Den Blattspinat waschen, putzen und gründlich trockenschleudern.
- Danach grob hacken und im heißen Olivenöl so lange anschwitzen, bis er in sich zusammenfällt.
- Das Salz hinzufügen und den Spinat mit dem Pürierstab gründlich pürieren. Vor der Weiterverwendung abkühlen lassen.
- Das Mehl und den Grieß in einer Schüssel vermischen. In der Mitte eine Mulde ausformen und die Spinatzubereitung sowie das Olivenöl hineingeben. Von der Mitte her mit dem Mehlgemisch vermengen.
- Das Wasser in kleinen Portionen hinzufügen und zu einem geschmeidigen Teig verkneten.
- Den Teig zur Kugel formen und mit dem Mehl überstäuben. In Frischhaltefolie einschlagen und 60 Minuten im Kühlschrank ruhen lassen.
- Danach den Teig in vier Teile schneiden und portionsweise weiterverarbeiten: Den Teig mit dem Nudelholz auf der gut bemehlten Arbeitsfläche oder mit einer Pastamaschine 2 – 3 Millimeter dünn ausrollen.
- Die Teigbahnen in Streifen schneiden (Breite nach Wahl).
  Die geschnittenen Nudeln 15 Minuten ruhen lassen.
- Das Wasser mit dem Salz zum Kochen bringen und die Nudeln darin bissfest garen.
- Die Nudeln in einen Durchschlag geben und abtropfen lassen.

Rote Nudeln

6 getrocknete Tomaten
60 ml kochend heißes Wasser
2 EL Tomatenmark
2 EL Olivenöl
300 g Weizenmehl (Type 1050)
100 g Hartweizengrieß
3 EL Sojamehl
1 TL Meersalz
etwa 140 ml Wasser
1 EL Weizenmehl (Type 1050)
Weizenmehl für die Arbeitsfläche

4 l Wasser
1 – 2 TL Meersalz

- Die Tomaten mit dem Wasser übergießen und 20 – 25 Minuten darin quellen lassen.
- Danach die Tomaten zusammen mit dem Einweichwasser sehr gründlich pürieren.
- Das Tomatenmark und das Olivenöl dazugeben und nochmals kurz pürieren.
- Die trockenen Zutaten in einer großen Schüssel vermischen.
- In der Mitte des Mehls eine Mulde ausformen und die Tomatenzubereitung hineingeben. Mit einer Gabel von der Mitte her mit dem Mehlgemisch vermengen.
- Unter Kneten das Wasser hinzufügen. So lange kneten, bis der Teig geschmeidig ist und nicht mehr am Schüsselboden oder -rand klebt.
- Den Teig zur Kugel formen, mit dem Weizenmehl überstäuben und in Frischhaltefolie einschlagen. 60 Minuten im Kühlschrank ruhen lassen.
- Danach den Teig in vier Teile schneiden und, wie bei den Spinatnudeln auf Seite 44 beschrieben, portionsweise weiterverarbeiten.

Udon-Nudeln aus Japan

250 g Weizenmehl (Type 405)
200 g Speisestärke
1 TL Meersalz
etwa 280 ml Wasser
Weizenmehl für die Arbeitsfläche

4 l Wasser
1 TL Meersalz

- Das Mehl mit der Stärke und dem Salz mischen. Das Wasser in kleinen Portionen unterkneten.
- Damit der Teig ausgerollt werden kann, muss er sehr gut durchgeknetet werden. In Japan verwendet man zum Kneten (wirklich!) die Füße: Den Teig in eine stabile Gefriertüte geben, mit einer Kunststoffklemme fest verschließen und auf dem Boden mindestens 5 – 10 Minuten vorsichtig mit den Füßen kneten, bis der Teig schön elastisch ist. Selbstverständlich kann der Teig auch von Hand auf der Arbeitsfläche geknetet werden.
- Den gut durchgekneteten Teig in der Tüte mindestens 60 Minuten im Kühlschrank ruhen lassen.
- Danach den Teig in zwei Portionen teilen und jede Portion auf der sehr gut bemehlten Arbeitsfläche dünn ausrollen.
- Den ausgerollten Teig nun dreimal übereinanderfalten, dabei die einzelnen Teiglagen gut bemehlen, damit der Teig nicht aneinanderklebt. Den Teig mit einem Messer in 5 Millimeter breite Streifen schneiden.
- Das Wasser mit dem Salz zum Kochen bringen und die Nudeln darin in knapp 5 Minuten bissfest garen.
- Die fertig gegarten Udon-Nudeln in einen Durchschlag geben und kurz unter kaltem Wasser abschrecken.
- Udon-Nudeln können kalt mit einem Dip wie zum Beispiel dem Dip zu den chinesischen Wan-Tans (siehe Seite 158) oder kurz in Gemüsebrühe erhitzt serviert werden.

BioMehl

Nudelverwandte

Es war einmal eine Nudel, die war lang und dünn und wurde *Spaghetti* getauft. Aber weil immer nur lang und dünn langweilig ist, entstanden im Laufe der Zeit viele Nudelvarianten. Manche davon werden ins Wasser gepresst, manche bestehen aus Kartoffeln, andere werden im Backofen gegart. Das sind die Nudelverwandten. Und alle, die Nudeln lieben, sind glücklich, dass es so eine große Verwandtschaft gibt.

Festtagsspätzle

350 g Spätzlemehl (Type 405, Mehlmischung für Spätzle)
50 g Maisgrieß (Polenta)
2 TL Johannisbrotkernmehl
1 TL Meersalz
½ TL gemahlene Kurkuma
400 – 420 ml Wasser

4 l Wasser
1 – 2 TL Meersalz

- Die trockenen Zutaten in einer Schüssel vermischen.
- Das Wasser unter Rühren hinzufügen, sodass ein glatter Teig entsteht.
- So lange rühren, bis der Teig anfängt, Blasen zu werfen.
- Den Teig abgedeckt etwa 20 Minuten ruhen lassen.
- Das Wasser mit dem Salz in einem großen Topf zum Kochen bringen.
- Den Teig nach der Ruhezeit noch einmal kurz durchrühren und dann portionsweise durch die Spätzlepresse in das kochende Wasser pressen oder vom Spätzlebrett ins Wasser schaben.
- Während des Kochvorgangs die Spätzle einmal vorsichtig mit einem Holzlöffel umrühren, damit sie nicht am Topfboden festkleben.
- Die Spätzle in 3 – 4 Minuten bissfest garen. Sie sind fertig gegart, sobald sie an die Wasseroberfläche kommen.
- Die Spätzle vorsichtig mit einem Schaumlöffel entnehmen und in eine vorgewärmte Schüssel geben.

Haselnussspätzle

für 4 – 6 Personen

250 g Dinkelmehl (Type 630)
250 g Hartweizengrieß
50 g gemahlene Haselnusskerne
3 TL Johannisbrotkernmehl
1 – 2 TL Meersalz
3 EL Raps- oder Sonnenblumenöl
etwa 570 ml Wasser

4 l Wasser
2 TL Meersalz

- Die trockenen Zutaten in einer Schüssel vermischen.
- Das Rapsöl hinzufügen und unterrühren.
- Unter Rühren das Wasser hinzufügen, sodass ein glatter Teig entsteht.
- Den Teig so lange rühren, bis er anfängt, Blasen zu werfen.
- Den Teig abgedeckt etwa 20 Minuten ruhen lassen.
- Das Wasser mit dem Salz zum Kochen bringen.
- Die Haselnussspätzle in zwei Portionen kochen. Dazu jeweils die Hälfte der Spätzle durch die Spätzlepresse direkt in das kochende Wasser drücken oder vom Brett schaben und in etwa 5 Minuten bissfest garen. Die Spätzle sind fertig gegart, sobald sie an die Wasseroberfläche kommen.
- Die Spätzle mit einem Schaumlöffel entnehmen und in eine vorgewärmte Schüssel geben.
- Mit der zweiten Hälfte des Teigs ebenso verfahren.

Halten Sie die fertig gekochte erste Portion Spätzle im Backofen bei 80 °C warm.

Vollkornknöpfle

250 g Weizenvollkornmehl
150 g Weizenmehl (Type 1050)
50 g geröstetes Kichererbsenmehl
1 – 2 TL Meersalz
2 MSP Backnatron
½ l Soja-, Reis- oder Haferdrink

3 ½ l Wasser
1 – 2 TL Meersalz

- Die trockenen Zutaten in einer Schüssel vermischen.
- Den Sojadrink unter Rühren hinzufügen, sodass ein glatter Teig entsteht. So lange rühren, bis der Teig anfängt, Blasen zu werfen.
- Den Teig abgedeckt etwa 20 Minuten ruhen lassen.
- Das Wasser mit dem Salz zum Kochen bringen.
- Den Teig nach der Ruhezeit noch einmal kurz durchrühren und dann portionsweise durch die Spätzlepresse in das kochende Wasser pressen.
- Während des Kochvorgangs die Vollkornknöpfle einmal vorsichtig mit einem Holzlöffel umrühren, damit sie nicht am Topfboden festkleben.
- Die Knöpfle in 3 – 4 Minuten bissfest garen. Sie sind fertig gegart, sobald sie an die Wasseroberfläche kommen.
- Die Vollkornknöpfle vorsichtig mit einem Schaumlöffel entnehmen und in eine vorgewärmte Schüssel geben.

Herzhafte Dampfnudeln

für etwa 12 Dampfnudeln

Für den Teig:
1 Würfel frische Hefe (42 g)
1 EL Roh-Rohrzucker
50 ml lauwarmes Wasser
350 g Weizenmehl (Type 1050)
100 g Weizenvollkornmehl
1 TL Meersalz
3 EL Sojamehl
6 EL Wasser
2 EL weiche hochwertige Margarine
etwa 160 ml lauwarmes Wasser
1 EL Weizenmehl (Type 1050)

Für die Füllung:
2 Zwiebeln
1 EL hochwertige Margarine oder Rapsöl
1 EL Sojasauce
1 EL fein gehackter Thymian
½ TL Roh-Rohrzucker
Meersalz
frisch gemahlener schwarzer Pfeffer
Weizenmehl für die Arbeitsfläche

3 – 4 EL hochwertige Margarine
300 ml Wasser
1 TL Meersalz

- Für den **Teig** die Hefe zerkrümeln und mit dem Zucker sowie Wasser verrühren.
- Die Mehle und das Salz in einer großen Schüssel vermischen. In der Mitte eine Mulde ausformen und die Hefe hineingießen.

- Etwas von dem Mehl zur Hefe geben (drei Esslöffel) und vorsichtig unterrühren.
- Den Vorteig 30 Minuten gehen lassen.
- Danach das Sojamehl mit dem Wasser und der Margarine verrühren. Das Gemisch zum Vorteig geben und beides mit dem Mehl sorgfältig vermischen.
- Unter Kneten das Wasser in kleinen Portionen hinzufügen. So lange kneten, bis der Teig nicht mehr klebt.
- Den Teig zur Kugel formen, mit dem Mehl überstäuben und abgedeckt an einem warmen Ort 60 Minuten gehen lassen.
- Für die **Füllung** in der Zwischenzeit die Zwiebeln schälen, fein hacken und in der heißen Margarine anschwitzen. Die Sojasauce, den Thymian und Zucker hinzufügen und die Zwiebeln so lange schmoren, bis sie weich sind. Die Zwiebeln mit Salz und Pfeffer abschmecken und die Pfanne vom Herd nehmen.
- Die Teigkugel nach dem Gehen auf der bemehlten Arbeitsfläche mit den Händen zu einem Fladen von gut 3 Zentimeter Dicke formen.
- Mit einem umgedrehten Wasserglas 12 Dampfnudeln ausstechen.
- Mit dem Daumen jeweils ein Loch mittig in die Dampfnudel drücken, einen Teelöffel Füllung hineingeben und die Dampfnudel vorsichtig zur Kugel formen. Danach nochmals 20 Minuten gehen lassen.
- Die Margarine in einer großen Pfanne erhitzen. Das Wasser sowie Salz hinzufügen und rühren, bis sich das Salz aufgelöst hat.
- Die Dampfnudeln in die Pfanne geben und den Deckel schließen. Die Dampfnudeln in 15 – 20 Minuten garen (ohne den Deckel abzunehmen), bis das Wasser verdampft ist und die Dampfnudeln an der Unterseite eine schöne braune Kruste bekommen haben. Dabei zuerst mit relativ hoher Temperatur garen, dann nach etwa 5 Minuten auf mittlere Temperatur reduzieren.
- Sobald die Dampfnudeln fertig gegart sind, den Deckel mit Schwung abnehmen, damit keine Wassertropfen auf die Dampfnudeln fallen. Zum Beispiel mit der Champignonsauce auf Stroganoff-Art (siehe Seite 76) oder zur Erbsen-Apfel-Sauce (siehe Seite 88) servieren.

Karotten-Gnocchi mit Estragon

für 4 – 6 Portionen

1 Zwiebel
1 – 2 Knoblauchzehen
2 – 3 EL Olivenöl
1 kg Karotten
100 ml heiße Gemüsebrühe
1 – 2 TL Meersalz
3 EL fein gehackter Estragon
200 g Weizenmehl (Type 1050)
150 g Hartweizengrieß
100 g Semmelbrösel
2 TL Johannisbrotkernmehl

3 l Wasser
1 – 2 TL Meersalz

- Die Zwiebel und den Knoblauch schälen, mittelfein hacken und im heißen Olivenöl anschwitzen.
- Die Karotten schälen und in Scheiben schneiden. Zur Zwiebel in den Topf geben. Kurz anbraten, dann mit der Gemüsebrühe ablöschen. Das Salz hinzufügen und die Karotten unter gelegentlichem Rühren in 30 – 35 Minuten sehr weich kochen.
- Die weich gekochten Karotten mit dem Pürierstab oder im Mixbehälter der Küchenmaschine sehr fein pürieren.
- Den Estragon unterziehen und das Karottenpüree etwas abkühlen lassen.
- Das Weizenmehl mit dem Hartweizengrieß, den Semmelbröseln und dem Johannisbrotkernmehl vermischen. Gründlich mit dem Karottenpüree verrühren.
- Den Teig für die Karotten-Gnocchi abgedeckt im Kühlschrank über Nacht ruhen lassen.
- Am nächsten Tag das Wasser mit dem Salz zum Kochen bringen.

- Den Teig für die Karotten-Gnocchi noch einmal kurz durchrühren und in zwei Portionen weiterverarbeiten: Dazu mit einem kurz in das kochende Wasser getauchten Teelöffel Teig abstechen. Pro Gnocchi einen gut gehäuften Teelöffel verwenden. Den Teig mit dem Rücken eines zweiten, angefeuchteten Teelöffels etwas glätten und die so geformten Gnocchi in das kochende Wasser gleiten lassen.
- So weiterverfahren, bis die Hälfte des Teigs aufgebraucht ist.
- Sobald die Gnocchi an die Wasseroberfläche kommen (nach 3 – 4 Minuten), die Gnocchi mit einem Schaumlöffel entnehmen, abtropfen lassen und auf ein mit Backpapier ausgelegtes Backblech legen.
- Mit der zweiten Hälfte des Teigs ebenso verfahren.
- Die fertig gekochten Gnocchi bei 220 °C in den Backofen geben und 12 – 15 Minuten backen, bis die Oberfläche leicht knusprig ist.

Tipp! Die Menge an Karotten-Gnocchi reicht für sechs normale oder vier hungrige Esser. Damit der Eigengeschmack der Gnocchi voll zur Geltung kommt, sollten Sie diese nicht mit einer schweren Sauce, sondern zum Beispiel mit einem Pesto wie dem Bärlauch-Mandel-Pesto (siehe Seite 91) oder auch dem Basilikum-Tofu-Pesto (siehe Seite 100) servieren.
Reste der Gnocchi lassen sich problemlos einfrieren. Dazu die übrig gebliebenen Gnocchi auf ein Tablett oder Backblech geben und im Gefrierschrank einfrieren. Die tiefgefrorenen Gnocchi in einen Gefrierbeutel oder eine frostbeständige Kunststoffdose umfüllen. Bei Bedarf aus dem Gefrierschank holen, auftauen lassen und auf ein mit Backpapier ausgelegtes Backblech geben. Im Backofen bei 200 °C knapp 15 Minuten erhitzen.

Schupfnudeln

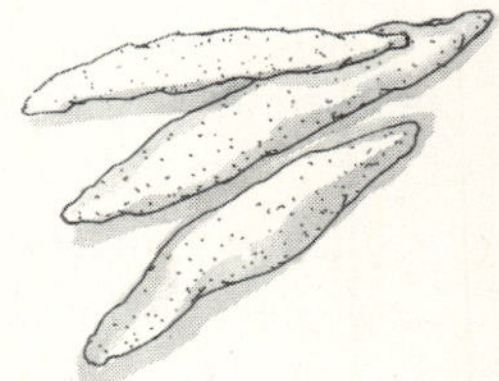

1,2 kg mehlig kochende Kartoffeln
1 ½ l Wasser
120 g Weizenmehl (Type 1050)
1 TL Meersalz
2 TL Johannisbrotkernmehl
2 – 3 MSP gemahlene Muskatnuss

4 l Wasser
1 – 2 TL Meersalz

- Die Kartoffeln als Pellkartoffeln im kochenden Wasser weich kochen.
- Das Kochwasser abgießen, die Kartoffeln kurz ausdampfen lassen und pellen. Danach sofort durch eine Kartoffelpresse drücken und vor der Weiterverarbeitung etwas abkühlen lassen.
- Das Weizenmehl, Salz, Johannisbrotkernmehl und die gemahlene Muskatnuss unterrühren, sodass ein geschmeidiger, glatter Teig entsteht.
- Mit einem Esslöffel gut walnussgroße Stücke vom Teig abstechen und diese zwischen den Händen zuerst zu Kugeln, dann zu fingerdicken, länglichen Röllchen formen.
- Das Wasser mit dem Salz zum Kochen bringen und die Schupfnudeln vorsichtig hineingleiten lassen.
- Die Schupfnudeln 4 – 5 Minuten kochen lassen. Sie sind fertig gegart, sobald sie an die Wasseroberfläche kommen.
- Die Schupfnudeln vorsichtig mit einem Schaumlöffel aus dem Wasser nehmen und in eine vorgewärmte Schüssel geben.

Tipp! Die gekochten Schupfnudeln können nach dem Kochen zusätzlich in zwei bis drei Esslöffel Rapsöl in der Pfanne angebraten werden.

Tomaten-Basilikum-Gnocchi

1 kg mehlig kochende Kartoffeln
1 ½ l Wasser
4 EL Tomatenmark
4 EL fein gehacktes Basilikum
2 EL Olivenöl
1 – 2 TL Meersalz
2 Knoblauchzehen
frisch gemahlener schwarzer Pfeffer
150 g Weizenmehl (Type 1050)
100 g Hartweizengrieß
2 – 3 EL Wasser nach Bedarf

4 l Wasser
1 – 2 TL Meersalz

- Die Kartoffeln als Pellkartoffeln im kochenden Wasser weich kochen.
- Das Wasser abgießen, die Kartoffeln kurz ausdampfen lassen und pellen. Sofort durch eine Kartoffelpresse drücken. Vor der Weiterverarbeitung etwas abkühlen lassen.
- Das Tomatenmark, Basilikum, Olivenöl, Salz und die durchgepressten Knoblauchzehen unterrühren. Mit etwas Pfeffer würzen.
- Das Mehl und den Grieß dazugeben und alles zu einem glatten Teig verkneten. Falls der Teig zu fest sein sollte, zwei bis drei Esslöffel Wasser unterkneten.
- Den Teig 15 Minuten ruhen lassen.
- Mit einem Esslöffel gut walnussgroße Stücke des Teiges abstechen, diese zu kleinen Kugeln formen und etwas abflachen.
- Das Wasser mit dem Salz zum Kochen bringen. Die Gnocchi vorsichtig in das kochende Wasser gleiten lassen und 8 – 10 Minuten garen.
- Die Gnocchi sind fertig gegart, sobald sie an die Wasseroberfläche kommen.
- Die Gnocchi vorsichtig mit einem Schaumlöffel aus dem Wasser nehmen und in einer vorgewärmten Schüssel servieren.

Nudelsaucen

Nudeln ohne Sauce sind wie ein Sommer ohne Sonne oder Verliebtsein ohne Kribbeln im Bauch, weil erst die Kombination von Nudel und Sauce ein perfektes Nudelgericht ausmacht. Dabei kann die Sauce, ganz klassisch italienisch, aus Tomaten bestehen. Muss aber nicht. Was in Sachen Nudelsaucen alles möglich ist und köstlich schmeckt, erfahren Sie auf den folgenden Seiten.

Nudelsaucen mit Oliven

Avocado-Oliven-Sauce

4 Frühlingszwiebeln
1 Knoblauchzehe
2 – 3 EL Olivenöl
100 g grüne entsteinte Oliven
2 große Avocados
2 EL Zitronensaft
3 EL fein gehackter Schnittlauch
3 EL fein gehackte glatte Petersilie
5 EL Sonnenblumenkerne
Meersalz
frisch gemahlener weißer Pfeffer

- Die Frühlingszwiebeln in feine Scheiben schneiden, den Knoblauch schälen, fein hacken und beides im heißen Olivenöl anschwitzen.
- Die Oliven halbieren.
- Die Avocados halbieren, schälen, die Kerne entfernen und das Fruchtfleisch mittelfein würfeln.
- Zusammen mit den Oliven zu den Zwiebeln in die Pfanne geben und sofort mit dem Zitronensaft überträufeln.
- Den Schnittlauch, die Petersilie und Sonnenblumenkerne hinzufügen und alles unter gelegentlichem Rühren erwärmen.
- Die Avocado-Oliven-Sauce mit Salz und Pfeffer abschmecken und zu hausgemachten roten Nudeln (siehe Seite 45) oder zu Orecchiette (Öhrchennudeln) servieren.

Tipp! Die Avocado-Oliven-Sauce auf keinen Fall kochen, weil dann die Avocados bitter schmecken.

Mango-Oliven-Sauce

2 rote Zwiebeln
2 – 3 EL Olivenöl
2 Karotten
1 reife Mango
3 Tomaten
½ – 1 rote Chilischote
150 ml trockener Rotwein
ersatzweise Tomatensaft mit 1 EL rotem Balsamessig
1 Lorbeerblatt
2 MSP gemahlene Gewürznelken
2 MSP gemahlener Koriander
2 MSP gemahlener Zimt
100 g schwarze entkernte Oliven
3 EL Tomatenmark
1 EL roter Balsamessig
4 – 5 EL fein gehackte glatte Petersilie
Meersalz

- Die Zwiebeln schälen, fein hacken und in dem heißen Olivenöl anschwitzen.
- Die Karotten schälen und in feine Stifte schneiden.
- Die Mango schälen und ebenso wie die Tomaten fein würfeln.
- Die Karotten zu den Zwiebeln in die Pfanne geben und kurz anbraten. Die Mango hinzufügen und ebenfalls kurz anbraten.
- Kerne der Chilischote entfernen. Die Schote fein hacken und mit den Tomaten in die Pfanne geben.
- Alles nochmals kurz kräftig anbraten, mit dem Rotwein ablöschen.
- Die Temperatur reduzieren und das Lorbeerblatt, die Nelken, den Koriander und Zimt unterrühren. Alles etwa 10 Minuten schmoren.
- Die halbierten Oliven, das Tomatenmark und den Essig unterrühren und nochmals 5 Minuten schmoren.
- Die Petersilie hinzufügen, die Sauce mit Salz abschmecken und zu hausgemachten Hartweizennudeln (siehe Seite 37) oder zu Penne Rigate servieren.

Oliven-Orangen-Sauce

4 Stangen Staudensellerie
5 – 6 EL Olivenöl
150 g schwarze entkernte Oliven
1 unbehandelte Orange
5 EL gehackte Mandeln
1 EL Weißweinessig
1 TL Roh-Rohrzucker
½ Bund glatte Petersilie
Meersalz
frisch gemahlener weißer Pfeffer

- Den Staudensellerie fein würfeln und im heißen Olivenöl anschwitzen.
- Die Oliven vierteln und ebenfalls in die Pfanne geben.
- Von der Orange etwa einen Teelöffel Schale abreiben.
- Danach die Orange so gründlich schälen, dass auch das weiße Häutchen mit entfernt wird.
- Das Fruchtfleisch fein würfeln und zusammen mit der Orangenschale in die Pfanne geben.
- Die Mandeln, den Weißweinessig und Zucker hinzufügen.
- Alles unter gelegentlichem Rühren gründlich erhitzen, jedoch nicht kochen.
- Die Petersilie kurz abbrausen, trockentupfen, sehr fein hacken und unterrühren.
- Die Sauce nochmals 2 Minuten schmoren, dann herzhaft mit Salz und Pfeffer abschmecken.
- Die Oliven-Orangen-Sauce passt gut zu hausgemachter Pasta (siehe Seite 39) oder zu Spaghetti.

Champignon-Oliven-Sauce

1 rote Zwiebel
1 – 2 Knoblauchzehen
2 – 3 EL Olivenöl
500 g braune Champignons
12 schwarze entkernte Oliven
12 grüne entkernte Oliven
2 TL getrocknete Kräuter der Provence
140 g Tomatenmark
2 EL Weizenmehl (Type 1050)
2 EL Kognak (falls erwünscht)
1 EL Rotweinessig
¼ l Soja-, Reis- oder Haferdrink
4 EL fein gehacktes Basilikum
Meersalz
frisch gemahlener weißer Pfeffer

- Die Zwiebel und den Knoblauch schälen, fein hacken und im heißen Olivenöl anschwitzen.
- Die Champignons, je nach Größe, halbieren oder vierteln und zur Zwiebel in die Pfanne geben.
- Ebenfalls kurz anschwitzen, dann die halbierten Oliven sowie die Kräuter der Provence hinzufügen und so lange schmoren, bis die Pilze weich sind.
- Das Tomatenmark, Weizenmehl, den Kognak und Rotweinessig unterrühren.
- Den Sojadrink und das Basilikum hinzufügen und alles nochmals gut 5 Minuten schmoren, bis die Sauce gründlich erhitzt ist.
- Die Sauce vor dem Servieren mit Salz und Pfeffer abschmecken und zu hausgemachten Nudeln aus Kastanienmehl (siehe Seite 38), zu hausgemachten Tomaten-Basilikum-Gnocchi (siehe Seite 57) oder zu Gabelspaghetti servieren.

Schwarze Olivencreme

50 g Pinienkerne
2 Knoblauchzehen
150 g schwarze entkernte Oliven
2 EL eingelegte Kapern
5 EL Olivenöl
4 EL Tomatenmark
2 EL roter Balsamessig
6 EL Wasser
1 TL fein gehackter Rosmarin
1 TL fein gehackter Oregano
frisch gemahlener schwarzer Pfeffer

- Die Pinienkerne in der trockenen Pfanne kurz anrösten. Danach abkühlen lassen und im Mixbehälter der Küchenmaschine zerkleinern.
- Die Knoblauchzehen schälen und vierteln. Zusammen mit den Oliven, Kapern, dem Olivenöl, Tomatenmark, Balsamessig und Wasser ebenfalls in den Mixbehälter der Küchenmaschine geben und so lange pürieren, bis eine glatte Creme entstanden ist.
- Die Olivencreme in eine kleine Schüssel umfüllen, die fein gehackten Kräuter unterziehen und mit etwas Pfeffer abschmecken.
- Die Olivencreme wie ein Pesto zum Beispiel zu hausgemachten Spinatnudeln (siehe Seite 44), zu hausgemachten roten Nudeln (siehe Seite 45) oder zu Fusilli (Spiralnudeln) servieren.

Zitronen-Olivenöl-Sauce

1 Zwiebel
2 – 3 Knoblauchzehen
2 EL Olivenöl
3 EL eingelegte Kapern
½ Bund krause Petersilie
Saft einer kleinen, unbehandelten Zitrone
4 – 5 MSP abgeriebene Zitronenschale
2 EL fein gehackter Dill
80 ml mildes Olivenöl
Meersalz
frisch gemahlener weißer Pfeffer

- Die Zwiebel und den Knoblauch schälen und fein hacken. In zwei Esslöffel Olivenöl anschwitzen, danach etwas abkühlen lassen.
- Die Kapern fein hacken.
- Die Petersilie kurz abbrausen, trockentupfen und ebenfalls fein hacken.
- Die Zwiebeln und den Knoblauch, die Kapern, Petersilie, den Zitronensaft und die Zitronenschale, den Dill und das Olivenöl in einer kleinen Schüssel verrühren.
- Die Sauce herzhaft mit Salz und Pfeffer abschmecken und mit hausgemachten Bandnudeln aus Spinatteig (siehe Seite 44) oder Linguine (schmale Bandnudeln) vermischen.

Zwiebel-Oliven-Sauce

1 kleiner Bund Frühlingszwiebeln
2 Schalotten
1 rote Zwiebel
1 – 2 Knoblauchzehen
3 – 4 EL Olivenöl
150 ml trockener Weißwein (zum Beispiel Riesling)
ersatzweise ungesüßter Apfelsaft mit 1 EL Weißweinessig
2 EL Weizenmehl (Type 1050)
¼ l Soja-, Reis- oder Haferdrink
2 EL Tomatenmark
1 EL grobkörniger Senf
15 grüne entkernte Oliven
100 ml Soja- oder Hafersahne
3 EL fein gehackte glatte Petersilie
1 EL fein gehackter Oregano
1 TL fein gehackter Rosmarin
Meersalz
frisch gemahlener schwarzer Pfeffer

- Die Frühlingszwiebeln in feine Scheiben schneiden.
- Die Schalotten, rote Zwiebel und den Knoblauch schälen und fein hacken. Alles im heißen Olivenöl anschwitzen.
- Mit dem Weißwein ablöschen und den Wein in etwa 5 Minuten etwas einkochen lassen.
- Das Zwiebelgemüse mit dem Weizenmehl überstäuben und gut unterrühren.
- Den Sojadrink, das Tomatenmark, den Senf und die geviertelten Oliven hinzufügen und alles gut 5 Minuten schmoren.
- Die Sojasahne sowie die gehackten Kräuter unterrühren und nochmals 3 – 4 Minuten schmoren.
- Die Zwiebel-Oliven-Sauce herzhaft mit Salz und Pfeffer abschmecken und zu hausgemachten Kräuter-Dinkel-Nudeln (siehe Seite 42) oder zu Makkaroni servieren.

Tomatensaucen

Tomaten-Basilikum-Sauce

2 Schalotten
1 – 2 Knoblauchzehen
2 – 3 EL Olivenöl
800 g geschälte Tomaten in Stücken
2 EL Rotweinessig
1 TL Roh-Rohrzucker
4 – 5 EL Tomatenmark
4 – 5 EL fein gehacktes Basilikum
Meersalz
frisch gemahlener schwarzer Pfeffer

- Die Schalotten und den Knoblauch schälen, fein hacken und im heißen Olivenöl anschwitzen.
- Die geschälten Tomaten, den Rotweinessig sowie den Zucker hinzufügen und alles etwa 10 Minuten schmoren, bis etwas von der Kochflüssigkeit verdampft ist.
- Das Tomatenmark und Basilikum unterrühren und nochmals 3 – 4 Minuten schmoren.
- Die Tomaten-Basilikum-Sauce mit Salz und Pfeffer abschmecken und zu hausgemachten Spinatnudeln (siehe Seite 44) oder zu Farfalle (Schmetterlingsnudeln) servieren.

Tomaten-Aprikosen-Sauce

10 getrocknete Aprikosen (etwa 110 g)
Saft von 2 (Blut-)Orangen (etwa 100 ml)
1 rote Zwiebel
1 walnussgroßes Stück Ingwer
2 EL Olivenöl
2 mittelgroße Karotten
400 g geschälte Tomaten in Stücken
70 ml trockener Sherry
ersatzweise ungesüßter Apfelsaft mit 1 EL Sherry-Essig
140 g Tomatenmark
1 EL Sherry-Essig
4 – 5 EL fein gehackte glatte Petersilie
Meersalz
frisch gemahlene Chiliflocken

- Die getrockneten Aprikosen fein würfeln, in einem kleinen Topf mit dem Orangensaft vermischen. Kurz zum Kochen bringen.
- Den Topf vom Herd nehmen und die Aprikosen 15 Minuten im Orangensaft ziehen lassen.
- Die Zwiebel und den Ingwer schälen, fein hacken und in einem zweiten Topf im heißen Olivenöl anschwitzen.
- Die Karotten schälen und in feine Stifte schneiden, zur Zwiebel geben und kurz anbraten.
- Mit den geschälten Tomaten und dem Sherry ablöschen. Die Aprikosenmischung hinzufügen.
- Die Sauce kurz zum Kochen bringen, dann die Temperatur reduzieren und das Tomatenmark sowie den Sherry-Essig unterrühren.
- Die Sauce 6 – 7 Minuten köcheln lassen.
- Die Petersilie unterziehen, die Sauce herzhaft mit Salz und Chiliflocken abschmecken und zu hausgemachten Hartweizennudeln (siehe Seite 37), zu Vollkornknöpfle (siehe Seite 51) oder zu kurzen Makkaroni servieren.

Tomatensauce auf provenzalische Art

7 Flaschentomaten (550 – 600 g)
1 l kochend heißes Wasser
1 Schalotte
1 Knoblauchzehe
10 in Öl eingelegte, getrocknete Tomaten
1 – 2 EL Olivenöl
1 EL Rotweinessig
2 – 3 EL glatte Petersilie
1 TL getrocknete Kräuter der Provence
1 TL Meersalz

- Die Flaschentomaten an den Stielansätzen kreuzförmig einschneiden, mit dem Wasser übergießen und etwa 10 Minuten ruhen lassen. Danach das Wasser abgießen und die Tomaten enthäuten sowie entkernen und grob zerkleinern.
- Die Schalotte und den Knoblauch schälen, dann grob zerkleinern.
- Die Flaschentomaten, Schalotte und den Knoblauch in ein hochwandiges Rührgefäß geben.
- Die getrockneten Tomaten etwas abtropfen lassen und ebenfalls in das Rührgefäß geben.
- Alles mit dem Pürierstab zu einer glatten Creme pürieren.
- Die Tomatensauce in eine Schüssel umfüllen und das Olivenöl, den Rotweinessig, die Petersilie, Kräuter der Provence und das Salz unterrühren.
- Die Tomatensauce vor dem Servieren 15 Minuten ziehen lassen.
- Mit hausgemachten Kräuter-Dinkel-Nudeln (siehe Seite 42) oder mit Penne Lisce (glatte Röhrchennudeln) vermischen.

Tomaten-Kokosmilch-Sauce

1 Zwiebel
1 – 2 Knoblauchzehen
1 walnussgroßes Stück Ingwer
2 EL Sesam- oder Erdnussöl
700 g Tomaten
1 ¼ l kochend heißes Wasser
400 ml Kokosmilch
5 EL Tomatenmark
1 EL Zitronensaft
2 – 3 MSP abgeriebene Zitronenschale
4 EL fein gehacktes thailändisches Basilikum
Meersalz
frisch gemahlener weißer Pfeffer

- Die Zwiebel, den Knoblauch und Ingwer schälen, jeweils fein hacken und zusammen im heißen Sesamöl anschwitzen.
- Die Tomaten an den Stielansätzen kreuzförmig einschneiden, mit dem kochend heißen Wasser überbrühen und etwa 10 Minuten ruhen lassen. Danach das Wasser abgießen, die Tomaten enthäuten und fein würfeln.
- Die Tomatenwürfel zur Zwiebel in den Topf geben. Den Tomatensud bei knapp mittlerer Temperatur 15 Minuten etwas einkochen lassen.
- Die Kokosmilch und das Tomatenmark unterrühren.
- Die Sauce kurz zum Kochen bringen, dann die Temperatur reduzieren und den Zitronensaft sowie die Zitronenschale unterrühren.
- Die Sauce nochmals 5 Minuten köcheln lassen. Dann das Basilikum unterrühren, die Sauce mit Salz und Pfeffer abschmecken und zu hausgemachten Buchweizennudeln aus Japan (siehe Seite 36), hausgemachten Udon-Nudeln (siehe Seite 46) oder zu Mie-Nudeln servieren.

Tipp! Falls Sie im Asiashop kein thailändisches Basilikum kaufen können, verwenden Sie bitte normales Basilikum.

Tomaten-Oliven-Sauce ohne Kochen

800 g Flaschentomaten
1 Schalotte
1 – 2 Knoblauchzehen
20 grüne entkernte Oliven
140 g Tomatenmark
½ Bund glatte Petersilie
3 EL fein gehacktes Basilikum
4 – 5 EL Olivenöl
Meersalz
frisch gemahlener schwarzer Pfeffer

- Die Flaschentomaten, geschälte Schalotte und geschälte Knoblauchzehen grob würfeln und in den Mixbehälter der Küchenmaschine geben. Mehrmals gründlich pürieren, sodass eine glatte Sauce entsteht.
- Die Oliven halbieren und zusammen mit dem Tomatenmark ebenfalls in den Mixbehälter geben.
- Nochmals kurz pürieren, bis die Oliven zerkleinert, aber noch deutlich in der Sauce erkennbar sind.
- Die Petersilie kurz abbrausen, trockentupfen und fein hacken.
- Die Petersilie, das Basilikum sowie Olivenöl unterrühren und die Sauce mit Salz und Pfeffer abschmecken.
- Die Sauce schmeckt lecker zu hausgemachten Dinkel-Kräuter-Nudeln (siehe Seite 42) oder auch zu Tortiglioni (gedrehte Hohlnudeln).

Tomaten-Rucola-Sauce

850 g Tomaten
1 ½ l kochend heißes Wasser
5 EL grob gehackte Pinienkerne
1 Zwiebel
2 – 3 Knoblauchzehen
2 – 3 EL Olivenöl
80 g Rucola
2 EL weißer Balsamessig
4 EL fein gehacktes Basilikum
Meersalz
frisch gemahlener weißer Pfeffer

- Die Tomaten an den Stielansätzen kreuzförmig einschneiden, mit dem kochend heißen Wasser übergießen und 10 Minuten ruhen lassen. Danach die Tomaten enthäuten und fein würfeln.
- Die Pinienkerne in der trockenen Pfanne kurz anrösten, dann aus der Pfanne nehmen.
- Die Zwiebel und den Knoblauch schälen, fein hacken und im heißen Olivenöl anschwitzen.
- Die fein gewürfelten Tomaten hinzufügen und die Sauce etwa 10 Minuten köcheln lassen.
- Den Rucola waschen, verlesen und trockenschleudern. Mundgerecht zerkleinern und zu den Tomaten in die Pfanne geben.
- Den Balsamessig und das Basilikum hinzufügen.
- Die Sauce nochmals 2 – 3 Minuten schmoren, die Pinienkerne unterrühren und die Sauce mit Salz und Pfeffer abschmecken.
- Die Tomaten-Rucola-Sauce zu hausgemachten Hartweizennudeln (siehe Seite 37) oder zu Spaghettini servieren.

Tomatensauce Siciliana

1 rote Zwiebel
2 – 3 Knoblauchzehen
2 EL Olivenöl
1 gelbe Paprikaschote
800 g geschälte Tomaten
8 in Öl eingelegte, getrocknete Tomaten
10 schwarze entkernte Oliven
10 grüne entkernte Oliven
240 g gegarte Artischockenherzen
100 ml Wasser
280 g Tomatenmark
1 TL Roh-Rohrzucker
3 EL fein gehacktes Basilikum
1 EL fein gehackter Oregano
1 EL fein gehackter Majoran
1 EL fein gehackter Thymian
1 TL mildes Paprikapulver
Meersalz
frisch gemahlener schwarzer Pfeffer

- Die Zwiebel und den Knoblauch schälen, fein hacken und im heißen Olivenöl anschwitzen.
- Die Paprika entkernen, fein würfeln, zur Zwiebel in die Pfanne geben und kurz anschwitzen.
- Die geschälten Tomaten grob zerkleinern und zusammen mit dem Saft in den Topf geben.
- Die getrockneten Tomaten in Streifen schneiden, die Oliven halbieren.
- Die Artischockenherzen kurz mit klarem Wasser abbrausen, gut abtropfen lassen, dann vierteln.
- Die getrockneten Tomaten, Oliven und Artischockenherzen zur Sauce geben.
- Das Wasser, Tomatenmark und den Zucker unterrühren.
- Die Sauce unter Rühren kurz zum Kochen bringen, dann die Temperatur reduzieren und die Sauce 5 Minuten köcheln lassen.

- Die fein gehackten Kräuter sowie das Paprikapulver hinzufügen und die Sauce nochmals 2 – 3 Minuten köcheln lassen.
- Mit Salz und Pfeffer abschmecken und zu hausgemachten Hartweizennudeln (siehe Seite 37), zu hausgemachten Spinatnudeln (siehe Seite 44) oder zu Makkaroni servieren.

Tomaten-Safran-Sauce

1 Zwiebel
2 – 3 EL Rapsöl
2 Karotten
800 g Tomaten
3 EL Tomatenmark
1 EL Zitronensaft
3 – 4 MSP abgeriebene Zitronenschale
1 EL Roh-Rohrzucker
100 ml Soja- oder Hafersahne
1 Briefchen Safran (0,1 g)
2 EL heißes Wasser
3 EL fein gehackte glatte Petersilie
Meersalz
frisch gemahlener weißer Pfeffer

- Die Zwiebel schälen, fein hacken und im heißen Rapsöl anschwitzen.
- Die Karotten schälen und in Scheiben schneiden, dann zur Zwiebel in den Topf geben.
- Die Tomaten würfeln und ebenfalls in den Topf geben.
- Das Gemüse in etwa 20 Minuten weich kochen.
- Den Topf vom Herd nehmen und das Gemüse mit dem Pürierstab pürieren.
- Den Topf zurück auf den Herd geben und das Tomatenmark, den Zitronensaft und die Zitronenschale sowie den Zucker unterrühren.
- Die Sauce kurz zum Kochen bringen, dann die Temperatur deutlich reduzieren und die Sojasahne dazugeben.
- Den Safran mit dem Wasser verrühren und zur Sauce geben.
- Die Sauce bei niedriger Temperatur nochmals etwa 5 Minuten ziehen lassen.
- Danach die Petersilie unterrühren, die Sauce mit Salz und Pfeffer abschmecken und zu hausgemachten Bandnudeln aus klassischem Pastateig (siehe Seite 39) oder zu Bandnudeln servieren.

Gemüsesaucen

Chicorée-Orangen-Sauce

1 große rote Zwiebel
2 – 3 EL Olivenöl
4 große Chicorée (etwa 600 g)
1 EL Roh-Rohrzucker
2 Orangen
2 EL Sherry-Essig
5 EL grob gehackte Walnusskerne
4 EL fein gehackte glatte Petersilie
Meersalz
frisch gemahlene Chiliflocken

- Die Zwiebel schälen, fein hacken und im heißen Olivenöl anschwitzen.
- Die Chicorée der Länge nach halbieren und die bitteren Strünke großzügig entfernen. Danach die Chicoréehälften in dünne Scheiben schneiden.
- Die Chicorée zur Zwiebel in die Pfanne geben. Kurz anbraten, dann den Zucker hinzufügen und so lange schmoren, bis die Chicorée in sich zusammenfallen.
- Die Orangen so gründlich schälen, dass auch die weißen Häutchen mit entfernt werden. Die Orangen mundgerecht würfeln und zusammen mit dem Sherry-Essig und den Walnusskernen zu den Chicorée geben.
- Alles nochmals 3 – 4 Minuten schmoren, dann die Petersilie unterrühren und die Chicorée-Orangen-Sauce mit Salz und Chiliflocken abschmecken.
- Zum Beispiel zu hausgemachten Nudeln aus Kastanienmehl (siehe Seite 38) oder zu Hörnchennudeln servieren.

Champignonsauce auf Stroganoff-Art

2 Schalotten
1 – 2 Knoblauchzehen
2 EL Rapsöl
700 g braune Champignons
100 ml trockener Weißwein
    ersatzweise Gemüsebrühe mit 1 TL Weißweinessig
3 EL Weizenmehl (Type 1050)
¼ l Soja-, Reis- oder Haferdrink
2 EL eingelegte Kapern
1 EL milder Senf
1 TL scharfer Senf
2 MSP gemahlene Muskatnuss
1 – 2 Spritzer vegetarische Worcestersauce
½ Bund krause Petersilie
5 EL Soja- oder Hafersahne
Meersalz
frisch gemahlener weißer Pfeffer

- Schalotten und Knoblauch schälen, fein hacken und im heißen Öl anschwitzen.
- Die Champignons mit feuchtem Küchenkrepp säubern. In Scheiben schneiden und zu den Schalotten in die Pfanne geben.
- Alles 2 – 3 Minuten kräftig anbraten, mit dem Weißwein ablöschen.
- Die Temperatur etwas reduzieren und die Champignons schmoren, bis sie weich sind.
- Die Champignons mit dem Weizenmehl überstäuben.
- Den Sojadrink, die fein gehackten Kapern, den Senf, die gemahlene Muskatnuss und Worcestersauce hinzufügen. Alles gut vermischen und die Sauce etwa 5 Minuten köcheln lassen.
- In der Zwischenzeit die Petersilie kurz abbrausen, trockentupfen und fein hacken.
- Die Petersilie sowie die Sojasahne unterrühren, die Sauce mit Salz und Pfeffer abschmecken und zu hausgemachten Schupfnudeln (siehe Seite 56) oder zu Spiralnudeln servieren.

Cremige Karottensauce

2 Frühlingszwiebeln
2 – 3 EL Rapsöl
4 mittelgroße Karotten
280 g gegarter Gemüsemais
150 ml Soja-, Reis- oder Haferdrink
2 EL Hefeflocken
1 EL weißes Sesammus (Tahin)
1 EL mittelscharfer Senf
1 EL weißer Balsamessig
4 EL fein gehackter Schnittlauch
Meersalz
frisch gemahlene Chiliflocken

- Die Frühlingszwiebeln in feine Scheiben schneiden und im heißen Rapsöl anschwitzen.
- Die Karotten schälen und mundgerecht würfeln. Zu den Zwiebeln in den Topf geben und unter gelegentlichem Rühren bissfest garen.
- Vom Gemüsemais fünf Esslöffel abnehmen und beiseite stellen.
- Den verbliebenen Gemüsemais zusammen mit dem Sojadrink, den Hefeflocken, dem Sesammus, Senf und Balsamessig in ein hochwandiges Rührgefäß geben.
- Mit dem Pürierstab gründlich zu einer glatten Creme pürieren.
- Die Creme sowie die fünf Esslöffel Gemüsemais zu den Karotten geben und unter gelegentlichem Rühren erhitzen.
- Den Schnittlauch unterrühren und die Karottensauce nochmals 3 – 4 Minuten ziehen lassen.
- Mit Salz und Chiliflocken abschmecken und zum Beispiel zu hausgemachten Vollkornknöpfle (siehe Seite 51), zu hausgemachten Haselnussspätzle (siehe Seite 50) oder Spätzle servieren.

Lauch-Cranberry-Sauce

750 g Lauch
1 großer Apfel
2 EL Rapsöl
5 EL getrocknete Cranberrys
4 EL geröstetes Kichererbsenmehl
450 ml Soja-, Reis- oder Haferdrink
1 ½ EL weißer Balsamessig
1 TL mildes Currypulver
½ TL gemahlene Kurkuma
2 MSP gemahlene Muskatnuss
3 EL fein gehackter Schnittlauch
2 EL fein gehackter Kerbel
Meersalz
frisch gemahlener weißer Pfeffer

- Den Lauch in dünne Scheiben schneiden.
- Den Apfel vierteln, entkernen und fein würfeln.
- Das Rapsöl in der Pfanne erhitzen und den Lauch dazugeben. So lange schmoren, bis der Lauch in sich zusammenfällt.
- Die Apfelwürfel und Cranberrys hinzufügen und so lange schmoren, bis die Apfelwürfel bissfest gegart sind.
- Das Gemüse mit dem Kichererbsenmehl überstreuen und dieses gut unterrühren.
- Den Sojadrink hinzufügen.
- Den Balsamessig, das Currypulver, die Kurkuma und gemahlene Muskatnuss unterrühren und das Gemüse gut 5 Minuten schmoren.
- Den Schnittlauch und Kerbel hinzufügen, die Sauce mit Salz und Pfeffer abschmecken und zu hausgemachten Haselnussspätzle (siehe Seite 50), zu hausgemachten Graubündener Buchweizennudeln (siehe Seite 35) oder zu Bandnudeln servieren.

Peperonata (Paprikasauce)

2 rote Zwiebeln
2 Knoblauchzehen
2 – 3 EL Olivenöl
1 EL Roh-Rohrzucker
2 große rote Paprikaschoten
2 große gelbe Paprikaschoten
100 ml Soja- oder Hafersahne
4 EL gemahlene Mandeln
2 EL weißer Balsamessig
3 EL fein gehackte glatte Petersilie
2 EL fein gehackter Oregano
1 EL fein gehackter Thymian
Meersalz
frisch gemahlener schwarzer Pfeffer

- Die Zwiebeln schälen und in feine Halbmonde schneiden, den Knoblauch schälen, fein hacken und beides im heißen Olivenöl kurz anschwitzen.
- Den Zucker hinzufügen und das Zwiebelgemüse 4 – 5 Minuten schmoren, bis der Zucker leicht karamellisiert.
- Die Paprika entkernen, in Würfel schneiden, zu den Zwiebeln in die Pfanne geben und unter gelegentlichem Rühren bissfest schmoren.
- Die Sojasahne, Mandeln, den Balsamessig und die fein gehackten Kräuter hinzufügen.
- Die Sauce nochmals 3 – 4 Minuten ziehen lassen.
- Dann mit Salz und Pfeffer abschmecken und zu hausgemachten Hartweizennudeln (siehe Seite 37) oder zu Spaghetti servieren.

Scharfe Fenchel-Dattel-Sauce aus Spanien

4 kleine Fenchelknollen (etwa 500 g)
2 – 3 EL Olivenöl
3 EL Roh-Rohrzucker
150 ml trockener Weißwein
ersatzweise ungesüßter Apfelsaft mit 1 TL Weißweinessig
10 getrocknete Datteln
1 – 2 grüne Chilischoten
2 Knoblauchzehen
4 EL Rosinen
½ Bund krause Petersilie
4 EL Weizenmehl (Type 1050)
¼ l Soja- oder Hafersahne
2 – 3 MSP gemahlener Kreuzkümmel
1 – 2 MSP gemahlener Zimt
3 EL Weißweinessig
Meersalz
frisch gemahlener weißer Pfeffer

- Die Fenchelknollen vierteln, die harten Strünke herausschneiden und die Fenchelviertel in feine Scheiben schneiden. Das Fenchelgrün fein hacken und beiseite legen.
- Das Olivenöl erhitzen und den Zucker einrieseln lassen. Unter ständigem Rühren so lange erhitzen, bis der Zucker karamellisiert.
- Den Fenchel dazugeben und gründlich mit dem karamellisierten Zucker verrühren.
- Das Fenchelgemüse 3 – 4 Minuten bei relativ hoher Temperatur unter ständigem Rühren braten, dann mit dem Weißwein ablöschen und die Temperatur reduzieren.
- Die Datteln entkernen und in feine Scheiben schneiden.
- Die Chilischoten der Länge nach halbieren, die Samen und Zwischenwände entfernen und die Schoten in feine Streifen schneiden.
- Die Datteln, Chilischoten, die durchgepressten Knoblauchzehen und Rosinen unterrühren.
- Das Gemüse so lange schmoren, bis es bissfest gegart ist.

- In der Zwischenzeit die Petersilie kurz abbrausen, trockentupfen und fein hacken.
- Das Gemüse mit dem Weizenmehl überstäuben, dann gut unterrühren.
- Die Sojasahne, den Kreuzkümmel, Zimt, Weißweinessig und die gehackte Petersilie unterrühren.
- Die Fenchel-Dattel-Sauce nochmals 5 Minuten schmoren.
- Dann mit Salz und eventuell noch etwas Pfeffer abschmecken, mit dem gehackten Fenchelgrün überstreuen und zu hausgemachten Hartweizennudeln (siehe Seite 37), zu Maismehl-Chili-Nudeln (siehe Seite 43) oder zu Gabelspaghetti servieren.

Pilzsauce auf chinesische Art

1 Bund Frühlingszwiebeln
1 walnussgroßes Stück Ingwer
½ rote Chilischote
3 – 4 EL Erdnuss- oder Sojaöl
1 Stange Lauch
2 Karotten
500 g Shiitake-Pilze oder braune Champignons
200 g Zuckerschoten
4 EL Sojasauce (nach Belieben auch mehr)
½ – 1 TL chinesisches Fünfgewürzepulver
3 – 4 EL fein gehacktes Koriandergrün
geröstetes Sesamöl (nach Belieben)

- Frühlingszwiebeln in feine Scheiben schneiden, Ingwer fein hacken.
- Die Chilischote von den Samen und Zwischenwänden befreien und ebenfalls fein hacken.
- Frühlingszwiebeln, den Ingwer und die Chilischote im heißen Erdnussöl im Wok oder in einer hochwandigen Pfanne kurz anschwitzen.
- Den Lauch in feine Scheiben, die Karotten in dünne Stifte schneiden.
- Die Shiitake-Pilze je nach Größe vierteln oder halbieren.
- Das Gemüse in der Reihenfolge Lauch, Karotten, Shiitake-Pilze, Zuckerschoten in den Wok geben und jeweils etwa 2 Minuten anschwitzen.
- Die Sojasauce, das Fünfgewürzepulver und Koriandergrün hinzufügen und alles so lange schmoren, bis das Gemüse bissfest gegart, aber noch knackig ist.
- Die Pilzsauce zu hausgemachten Reisnudeln (siehe Seite 40), zu hausgemachten Udon-Nudeln (siehe Seite 46) oder zu Mie-Nudeln servieren. Nach Geschmack mit Sesamöl überträufeln.

Tipp! Fünfgewürzepulver ist eine Gewürzmischung aus gemahlen Gewürznelken, Chinesischem Zimt, Sternanis, Fenchelsamen und Szechuanpfeffer.

Zucchini-Curry-Sauce

1 große Zwiebel
1 – 2 Knoblauchzehen
2 – 3 EL Olivenöl
4 Zucchini (etwa 600 g)
2 Äpfel
4 EL Weizenmehl (Type 1050)
300 ml Soja-, Reis- oder Haferdrink
4 – 5 EL Sonnenblumenkerne
3 EL Rosinen
2 EL weißer Balsamessig
2 TL mildes Currypulver
2 – 3 Spritzer grüne Chilisauce
5 EL Soja- oder Hafersahne
3 EL fein gehackte glatte Petersilie
1 TL fein gehackte Zitronenmelisse
Meersalz

- Die Zwiebel und den Knoblauch schälen, fein hacken und im heißen Olivenöl anschwitzen.
- Die Zucchini der Länge nach halbieren und in dünne Halbmonde schneiden.
- Die Äpfel vierteln, entkernen und fein würfeln.
- Die Zucchini und Äpfel zur Zwiebel in die Pfanne geben und bissfest schmoren.
- Das Weizenmehl und den Sojadrink hinzufügen und unterrühren.
- Die Sauce kurz zum Kochen bringen, dann die Temperatur reduzieren und die Sonnenblumenkerne, Rosinen, den Balsamessig, das Currypulver und die Chilisauce unterrühren.
- Die Sauce nochmals 5 Minuten schmoren, dann die Sojasahne, Petersilie und Zitronenmelisse hinzufügen.
- Alles nochmals 2 – 3 Minuten ziehen lassen, dann die Sauce mit Salz abschmecken und zu hausgemachten Vollkornknöpfle (siehe Seite 51), zu hausgemachten Festtagsspätzle (siehe Seite 49) oder Spiralnudeln servieren.

Saucen mit Hülsenfrüchten

Bunte Bohnensauce

1 rote Zwiebel
1 – 2 Knoblauchzehen
2 – 3 EL Olivenöl
250 g grüne Bohnen
50 ml Gemüsebrühe
12 in Öl eingelegte, getrocknete Tomaten
150 g gekochte Kidneybohnen
150 g gekochte Kichererbsen
3 EL Weizenmehl (Type 1050)
¼ l Soja-, Reis- oder Haferdrink
2 – 3 EL Sojasauce
1 EL weißes Sesammus (Tahin)
1 EL Weißweinessig
5 EL Soja- oder Hafersahne
4 EL fein gehackte glatte Petersilie
2 EL fein gehackter Oregano
Meersalz
frisch gemahlener schwarzer Pfeffer

- Die Zwiebel und den Knoblauch schälen, fein hacken und im heißen Olivenöl anschwitzen.
- Die grünen Bohnen putzen und mundgerecht zerkleinern. Zur Zwiebel in den Topf geben und ebenfalls kurz anschwitzen.
- Die Gemüsebrühe hinzufügen und die grünen Bohnen in 8 – 10 Minuten bissfest garen.
- Die getrockneten Tomaten in Streifen schneiden und zusammen mit den gekochten Kidneybohnen und Kichererbsen in den Topf geben.
- Das Bohnengemüse mit dem Weizenmehl überstäuben, danach gut unterrühren.
- Den Sojadrink, die Sojasauce, das Sesammus und den Weißweinessig hinzufügen.
- Alles nochmals 4 – 5 Minuten schmoren.

- Die Sojasahne sowie die gehackten Kräuter unterrühren und die Sauce nochmals 3 – 4 Minuten schmoren.
- Die Bohnensauce mit Salz und Pfeffer abschmecken und zu hausgemachten Dinkel-Kräuter-Nudeln (siehe Seite 42) oder zu Spiralnudeln servieren.

Tipp! Hülsenfrüchte sind ein wichtiger und schmackhafter Bestandteil der veganen Ernährung. Besser und preiswerter als auf gekochte Hülsenfrüchte aus Glas oder Dose zurückzugreifen, ist, sie selber zu kochen. Gekochte Bohnen, Linsen, Erbsen und Co. halten sich abgedeckt im Kühlschrank drei Tage, können aber auch problemlos bis zu drei Monate eingefroren werden.

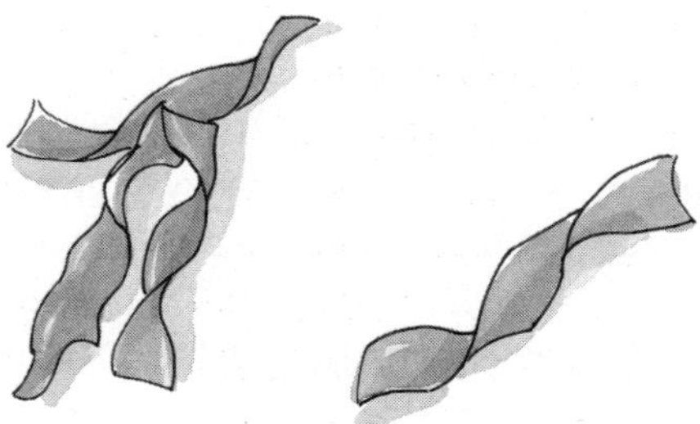

Fenchel-Bohnen-Sauce auf mexikanische Art

150 g schwarze Augenbohnen oder weiße Bohnen
1 ¼ l Wasser
4 Frühlingszwiebeln
½ – 1 rote Chilischote
2 – 3 EL Olivenöl
2 – 3 große Fenchelknollen (etwa 500 g)
2 – 3 EL Limettensaft
4 MSP abgeriebene Limettenschale
2 – 3 MSP gemahlene Fenchelsamen
3 EL fein gehackte glatte Petersilie
2 EL fein gehackter Schnittlauch
Meersalz

- Die Augenbohnen über Nacht im Wasser einweichen. Danach das Wasser abgießen und die Bohnen mit etwa der gleichen Menge an frischem Wasser bedecken und in etwa 60 Minuten bissfest garen.
- Danach die Augenbohnen in einen Durchschlag geben, gründlich mit klarem Wasser abspülen und abtropfen lassen.
- Die Frühlingszwiebeln in feine Scheiben schneiden.
- Die Chilischote längs halbieren, von den Samen und Zwischenwänden befreien und fein hacken. Mit den Frühlingszwiebeln im heißen Öl anschwitzen.
- Vom Fenchel (falls vorhanden) das Fenchelgrün abschneiden und fein hacken. Die Fenchelknollen vierteln und die harten Strünke herausschneiden. Danach den Fenchel fein würfeln.
- Die Fenchelwürfel zu den Frühlingszwiebeln in den Topf geben und kurz anbraten. Den Limettensaft, die Limettenschale und Fenchelsamen hinzufügen und alles gut 5 Minuten schmoren, bis der Fenchel bissfest gegart ist.
- Die gekochten Bohnen sowie die Petersilie und den Schnittlauch hinzufügen und so lange schmoren, bis die Sauce gründlich erhitzt ist.
- Die Sauce herzhaft mit Salz abschmecken und mit dem Fenchelgrün überstreut zu hausgemachten Maismehl-Chili-Nudeln (siehe Seite 43) oder Penne Rigate (geriffelte Röhrchennudeln) servieren.

Französische Maronen-Linsen-Sauce

250 g Du Puy-Linsen
etwa ½ l kochendes Wasser
1 große rote Zwiebel
2 EL Olivenöl
1 große Stange Lauch
200 g gegarte Maronen
4 EL Tomatenmark
2 EL Apfelessig
1 TL Roh-Rohrzucker
2 MSP gemahlener Piment
2 MSP gemahlene Muskatnuss
¼ l Soja- oder Hafersahne
4 EL fein gehackte glatte Petersilie
Meersalz
frisch gemahlener weißer Pfeffer

- Die Du Puy-Linsen in das kochende Wasser einrieseln lassen und in 25 – 30 Minuten bissfest garen. Die Linsen in einen Durchschlag geben, kurz mit kaltem Wasser abspülen und gut abtropfen lassen.
- Die Zwiebel schälen, fein hacken und im heißen Olivenöl anschwitzen.
- Den Lauch der Länge nach halbieren und in feine Halbmonde schneiden. Zur Zwiebel geben und so lange schmoren, bis er in sich zusammenfällt.
- Die Maronen halbieren und zusammen mit dem Tomatenmark, Apfelessig, Zucker, Piment und der gemahlenen Muskatnuss hinzufügen.
- Kurz schmoren, dann die gekochten Linsen vorsichtig unterziehen. Alles 4 – 5 Minuten köcheln lassen, bis die Sauce gründlich erhitzt ist.
- Die Sojasahne und Petersilie dazugeben und die Sauce nochmals 3 – 4 Minuten ziehen lassen.
- Vor dem Servieren mit Salz und Pfeffer abschmecken und zu hausgemachten Nudeln aus Kastanienmehl (siehe Seite 38) oder Bandnudeln servieren.

Erbsen-Apfel-Sauce

180 g gelbe Schälerbsen
400 ml kochendes Wasser
2 rote Zwiebeln
2 – 3 EL Rapsöl
3 mittelgroße Äpfel
1 EL Roh-Rohrzucker
2 MSP gemahlene Muskatnuss
3 EL Weizenmehl (Type 1050)
300 ml Soja-, Reis- oder Haferdrink
1 EL Apfelessig
2 – 3 EL fein gehackter Majoran
½ Bund Schnittlauch
5 EL Soja- oder Hafersahne
Meersalz
frisch gemahlener weißer Pfeffer

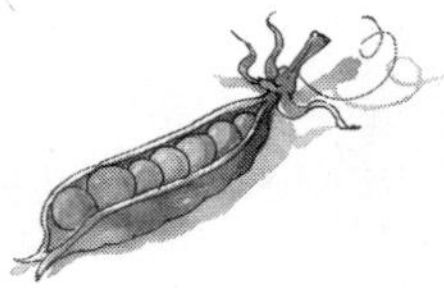

- Die Schälerbsen in das kochende Wasser geben und in etwa 60 Minuten bissfest garen.
- Die Schälerbsen in einen Durchschlag geben, kurz mit kaltem Wasser abspülen und gut abtropfen lassen.
- Die Zwiebeln schälen, in feine Halbmonde schneiden und im heißen Öl anschwitzen. Die Äpfel vierteln, entkernen, mundgerecht würfeln und zu den Zwiebeln geben.
- Den Zucker und die gemahlene Muskatnuss unterrühren und alles so lange schmoren, bis die Apfelwürfel weich sind.
- Die gegarten Schälerbsen und das Weizenmehl hinzufügen.
- Den Sojadrink, Apfelessig und Majoran unterrühren und die Sauce nochmals 5 Minuten schmoren.
- Den Schnittlauch fein hacken und mit der Sojasahne zur Sauce geben.
- Die Sauce nochmals 2 – 3 Minuten ziehen lassen, mit Salz und Pfeffer abschmecken und zu Schupfnudeln (siehe Seite 56), herzhaft gefüllten Dampfnudeln (siehe Seite 52) oder Spätzle servieren.

Rote-Linsen-Bolognese

1 Zwiebel
2 Knoblauchzehen
2 – 3 EL Olivenöl
2 Stangen Staudensellerie
2 Tomaten
2 Karotten
700 ml Tomatensaft
200 g rote Linsen
2 EL roter Balsamessig
1 EL Roh-Rohrzucker
2 EL fein gehacktes Basilikum
1 EL fein gehackter Majoran
1 EL fein gehackter Oregano
1 TL fein gehackter Rosmarin
Meersalz
frisch gemahlener weißer Pfeffer

- Die Zwiebel und den Knoblauch schälen, fein hacken und im heißen Olivenöl anschwitzen.
- Den Staudensellerie und die Tomaten fein würfeln.
- Die Karotten schälen und grob raspeln. Den Staudensellerie, die Tomaten und Karotten zur Zwiebel geben.
- Das Gemüse bei hoher Temperatur und unter häufigem Rühren 3 – 4 Minuten scharf anbraten, dann mit dem Tomatensaft ablöschen.
- Die Temperatur reduzieren und die Linsen einrühren. Den Balsamessig und Zucker dazugeben.
- Die Sauce mit geschlossenem Deckel und unter gelegentlichem Rühren etwa 15 Minuten köcheln lassen.
- Die fein gehackten Kräuter unterrühren und die Sauce nochmals 3 – 4 Minuten ziehen lassen.
- Vor dem Servieren mit Salz und Pfeffer abschmecken und zu hausgemachten Dinkel-Kräuter-Nudeln (siehe Seite 42) oder Spaghetti servieren.

Türkische Linsen-Sahne-Sauce

1 Zwiebel
2 EL Olivenöl
200 g rote Linsen
300 ml Wasser
¼ l Soja- oder Hafersahne
3 MSP gemahlener Koriander
3 MSP gemahlener Kreuzkümmel
4 EL fein gehackte glatte Petersilie
2 EL fein gehackte Minze
Meersalz
scharfes Paprikapulver

- Die Zwiebel schälen, fein hacken und im heißen Olivenöl anschwitzen.
- Die roten Linsen sowie das Wasser hinzufügen. Alles kurz zum Kochen bringen, dann die Temperatur reduzieren und die Linsen in etwa 8 – 10 Minuten bissfest garen.
- Die Sojasahne, den Koriander, Kreuzkümmel, die Petersilie und Minze unterrühren und alles nochmals 3 – 4 Minuten ziehen lassen.
- Die Sahnelinsen mit Salz und scharfem Paprikapulver abschmecken und zum Beispiel zu Eriste (türkische Bandnudeln) oder zu hausgemachten Bandnudeln aus Hartweizengrieß-Teig (siehe Seite 37) servieren.

Saucen mit Nüssen und Kernen

Bärlauch-Mandel-Pesto

125 g Mandeln
1 Bund Bärlauch (etwa 100 g)
1 – 2 Frühlingszwiebeln
120 ml erkaltete Gemüsebrühe
½ TL Meersalz
3 – 4 EL Olivenöl

- Die Mandeln in der trockenen Pfanne kurz anrösten, dann abkühlen lassen.
- Den Bärlauch verlesen und die verholzten Stiele abschneiden.
- Die Frühlingszwiebeln grob zerkleinern.
- Die Mandeln in den Mixbehälter der Küchenmaschine geben und zerkleinern.
- Den Bärlauch und die Frühlingszwiebeln dazugeben und ebenfalls zerkleinern.
- Die Gemüsebrühe, das Salz und Olivenöl hinzufügen und nochmals kurz pürieren.
- Das Bärlauch-Mandel-Pesto vor dem Servieren etwa 15 Minuten ziehen lassen.
- Zum Beispiel zu hausgemachten Tomaten-Basilikum-Gnocchi (siehe Seite 57), zu hausgemachter Pasta (siehe Seite 39) oder zu Gemelli (gedrehte Nudeln) servieren.

Erdnuss-Ingwer-Sauce

1 Zwiebel
1 Knoblauchzehe (nach Belieben)
1 walnussgroßes Stück Ingwer
2 – 3 EL Raps- oder Erdnussöl
2 Stangen Lauch
2 Karotten
100 g geröstete Erdnusskerne
170 ml Soja- oder Hafersahne
2 – 3 EL Erdnusscreme
2 EL Sojasauce
2 EL Ketjap Manis (süße indonesische Sojasauce)
1 TL mildes Currypulver
4 EL fein gehackte glatte Petersilie
3 – 4 Spritzer grüne Chilisauce
Meersalz (nach Belieben)

- Die Zwiebel, den Knoblauch und Ingwer schälen, fein hacken und im heißen Rapsöl anschwitzen.
- Den Lauch in feine Scheiben schneiden, die Karotten schälen und würfeln.
- Das Gemüse zur Zwiebel in die Pfanne geben und so lange schmoren, bis es bissfest gegart ist.
- Die Erdnusskerne grob hacken und zusammen mit der Sojasahne, Erdnusscreme, Sojasauce, Ketjap Manis und dem Currypulver zum Gemüse geben.
- Alles nochmals 4 – 5 Minuten schmoren.
- Die Petersilie hinzufügen und die Sauce mit Chilisauce sowie, falls erwünscht, mit noch etwas Salz würzen.
- Die Erdnuss-Ingwer-Sauce zu hausgemachten Udon-Nudeln (siehe Seite 46), hausgemachten japanischen Buchweizennudeln (siehe Seite 36), zu hausgemachten Reisnudeln (siehe Seite 40) oder zu Mie-Nudeln servieren.

Haselnuss-Avocado-Pesto

1 Schalotte
2 Stangen Staudensellerie
1 – 2 EL Rapsöl
1 reife Avocado
75 g gemahlene Haselnusskerne
5 EL Soja- oder Hafersahne
5 EL Wasser
1 EL Weißweinessig
3 EL fein gehackte glatte Petersilie
½ – 1 TL Meersalz
frisch gemahlener weißer Pfeffer

- Die Schalotte schälen, fein würfeln und den Staudensellerie fein würfeln. Beides im heißen Rapsöl bissfest schmoren. Vor der Weiterverwendung abkühlen lassen.
- Den Kern der Avocado entfernen und das Fruchtfleisch auslöffeln. Das Fruchtfleisch mit einer Gabel in einer Schüssel zermusen.
- Die gemahlenen Haselnusskerne, Schalotte und den Staudensellerie dazugeben.
- Mit der Sojasahne, dem Wasser und Weißweinessig zu einer glatten Creme verrühren.
- Die Petersilie und das Salz hinzufügen und mit etwas Pfeffer abschmecken.
- Das Haselnuss-Avocado-Pesto zu hausgemachter Pasta (siehe Seite 39), zu hausgemachten Haselnussspätzle (siehe Seite 50) oder zu Hörnchennudeln servieren.

Kürbiskernpesto

100 g Kürbiskerne
1 Bund glatte Petersilie
Saft und Schale einer kleinen, unbehandelten Zitrone
1 - 2 TL Meersalz
3 – 4 MSP frisch gemahlener schwarzer Pfeffer
120 ml Sonnenblumenöl
4 EL Kürbiskernöl

- Die Kürbiskerne in der trockenen Pfanne kurz anrösten. Danach abkühlen lassen und im Mixbehälter der Küchenmaschine grob zerkleinern.
- Die Petersilie kurz abbrausen und trockentupfen. Die Blätter von den Stängeln zupfen und ebenfalls in den Mixbehälter der Küchenmaschine geben. Nochmals zerkleinern, bis eine sämige Creme entstanden ist.
- Die Creme in eine kleine Schüssel umfüllen und mit dem Zitronensaft, der Zitronenschale, Salz und Pfeffer vermischen.
- Das Sonnenblumenöl sowie Kürbiskernöl dazugeben.
- Das Kürbiskernpesto vor dem Servieren 15 Minuten ziehen lassen und zu hausgemachten Nudeln aus Kastanienmehl (siehe Seite 38), zu hausgemachter klassischer Pasta (siehe Seite 39) oder zu Bandnudeln servieren.

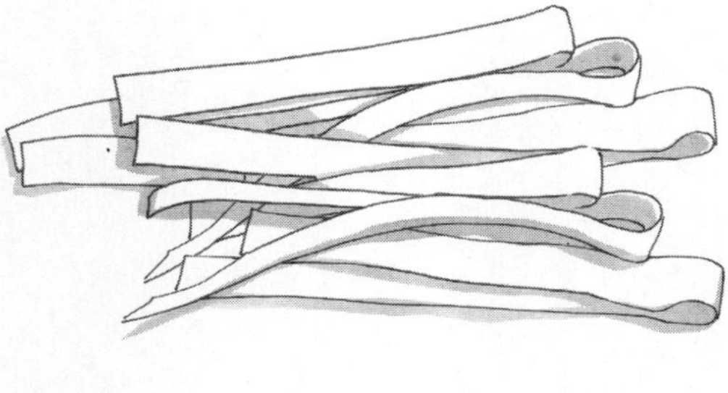

Mandel-Oliven-Sauce

2 große Zwiebeln
3 EL Olivenöl
100 g schwarze entkernte Oliven
150 g blanchierte und gemahlene Mandeln
200 ml trockener Weißwein
ersatzweise ungesüßter Apfelsaft mit 1 EL Weißweinessig
2 EL fein gehackter Majoran
2 EL Hefeflocken
1 EL Weißweinessig
200 ml kochend heiße Gemüsebrühe
½ Bund krause Petersilie
Meersalz
scharfes Paprikapulver

- Die Zwiebeln schälen, fein hacken und im heißen Olivenöl langsam anbräunen.
- Die Oliven vierteln, zu den Zwiebeln geben und kurz anschwitzen.
- Die Mandeln dazugeben und mit dem Weißwein ablöschen.
- Den Majoran, die Hefeflocken sowie den Weißweinessig unterrühren und die Gemüsebrühe dazugeben.
- Die Sauce bei mittlerer Temperatur etwas einkochen lassen.
- In der Zwischenzeit die Petersilie kurz abbrausen, trockentupfen und fein hacken.
- Die Petersilie unterrühren und die Sauce mit Salz und Paprikapulver abschmecken.
- Zum Beispiel zu hausgemachter Pasta (siehe Seite 39) oder zu Farfalle (Schmetterlingsnudeln) servieren.

Spargel-Pinienkern-Sauce

4 Frühlingszwiebeln
1 – 2 Knoblauchzehen
2 – 3 EL Olivenöl
600 g weißer Spargel
50 ml Gemüsebrühe
Saft und Schale einer halben, unbehandelten Zitrone
150 g gelbe Kirschtomaten
70 g Pinienkerne
½ TL Roh-Rohrzucker
4 EL fein gehackte glatte Petersilie
2 EL fein gehacktes Basilikum
Meersalz
frisch gemahlener weißer Pfeffer

- Die Frühlingszwiebeln in feine Scheiben schneiden, den Knoblauch schälen und fein hacken. Beides im heißen Olivenöl anschwitzen.
- Den Spargel schälen, in mundgerechte Stücke schneiden und die Spargelspitzen beiseite legen.
- Die Spargelstücke zu den Zwiebeln geben und ebenfalls kurz anschwitzen.
- Die Gemüsebrühe, den Zitronensaft und die Zitronenschale dazugeben und alles etwa 8 Minuten schmoren.
- Die halbierten Kirschtomaten, die Spargelspitzen, die grob gehackten Pinienkerne und den Zucker hinzufügen und nochmals etwa 5 Minuten schmoren.
- Die Petersilie sowie das Basilikum unterrühren und die Sauce herzhaft mit Salz und Pfeffer abschmecken.
- Zum Beispiel zu hausgemachten Tomaten-Basilikum-Gnocchi (siehe Seite 57), zu hausgemachten Hartweizennudeln (siehe Seite 37) oder zu Penne Lisce (glatte Röhrchennudeln) servieren.

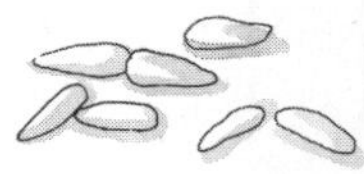

Spinatpesto

100 g Pecannüsse
2 Knoblauchzehen
6 EL Olivenöl
150 g frischer Blattspinat
Saft einer halben, unbehandelten Zitrone
1 TL Meersalz
100 ml Sonnenblumenöl
3 – 4 MSP frisch gemahlener weißer Pfeffer

- Die Pecannüsse in der trockenen Pfanne kurz anrösten. Danach abkühlen lassen und im Mixbehälter der Küchenmaschine grob zerkleinern. In eine kleine Schüssel umfüllen.
- Die Knoblauchzehen schälen, vierteln und in einem Esslöffel heißem Olivenöl anschwitzen. Ebenfalls abkühlen lassen.
- Den Spinat waschen, putzen und sehr gut trockenschleudern. Danach grob hacken und zusammen mit den Knoblauchzehen, dem Zitronensaft und Salz in den Mixbehälter der Küchenmaschine geben. Alles so lange zerkleinern, bis eine homogene Creme entstanden ist.
- Das Sonnenblumenöl, die verbliebenen fünf Esslöffel Olivenöl, den Pfeffer und die zerkleinerten Pecannüsse unterrühren.
- Das Spinatpesto vor dem Servieren 15 Minuten ziehen lassen und zum Beispiel zu hausgemachten Bandnudeln aus klassischem Pastateig (siehe Seite 39), zu hausgemachten Karotten-Gnocchi (siehe Seite 54) oder zu kurzen Makkaroni servieren.

Tipp! Die Pecannüsse können nach Belieben durch Walnusskerne ersetzt werden.

Thailändische Kokosmilch-Cashew-Sauce

2 Frühlingszwiebeln
2 Knoblauchzehen
1 walnussgroßes Stück Ingwer
2 – 3 EL Erdnuss- oder Sojaöl
2 kleine Karotten
2 rote Paprikaschoten
1 kleine Stange Lauch
400 ml Kokosmilch
2 Stängel Zitronengras
ersatzweise ½ TL Zitronengraspulver
Saft einer unbehandelten Limette
4 MSP abgeriebene Limettenschale
150 g Bambusscheiben (aus dem Glas)
80 g grob gehackte Cashewnüsse
1 ½ EL Roh-Rohrzucker
1 TL Johannisbrotkernmehl oder 1 ½ EL Speisestärke
1 TL grüne Currypaste
4 – 5 EL fein gehacktes Koriandergrün
Meersalz

- Die Frühlingszwiebeln in feine Scheiben schneiden. Den Knoblauch und Ingwer schälen und fein hacken.
- Die Frühlingszwiebeln, den Knoblauch und Ingwer im heißen Erdnussöl anschwitzen.
- Die Karotten schälen und in dünne Stifte schneiden, die Paprika entkernen und in dünne Streifen schneiden.
- Den Lauch der Länge nach halbieren und in dünne Halbmonde schneiden.
- Das Gemüse in der Reihenfolge Lauch, Karotten, Paprika zu den Frühlingszwiebeln geben und jeweils kurz anschwitzen.
- Mit der Kokosmilch ablöschen.
- Vom Zitronengras die harten, äußeren Blätter ablösen und das untere Ende der Stängel mit einem Stößel oder einem anderen harten Gegenstand platt klopfen, sodass das weiche Innere sichtbar wird.

- Die Stängel (oder das Zitronengraspulver) zum Gemüse in den Topf geben und alles kurz zum Kochen bringen.
- Die Temperatur deutlich reduzieren und das Gemüse gut 5 Minuten schmoren.
- Den Limettensaft und die Limettenschale, Bambusscheiben und Cashewnüsse unterrühren.
- Den Zucker, das Johannisbrotkernmehl und die Currypaste hinzufügen.
- Alles nochmals 4 – 5 Minuten schmoren. Dann die Zitronengrasstängel entfernen, das Koriandergrün unterrühren und die Sauce mit Salz abschmecken.
- Zu hausgemachten Reisnudeln (siehe Seite 40), zu hausgemachten Udon-Nudeln (siehe Seite 46) oder zu Mie-Nudeln servieren.

Saucen mit Tofu und Soja

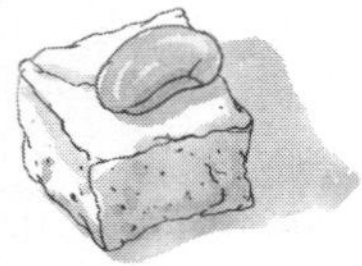

Basilikum-Tofu-Pesto

100 g Tofu (natur)
1 – 2 Knoblauchzehen
100 g Sonnenblumenkerne
3 EL Hefeflocken
100 ml erkaltete Gemüsebrühe
4 EL Olivenöl
2 EL Zitronensaft
2 MSP abgeriebene Zitronenschale
5 EL fein gehacktes Basilikum
Meersalz
frisch gemahlener weißer Pfeffer

- Den Tofu kurz abspülen, in Küchenkrepp einschlagen und das überschüssige Wasser vorsichtig auspressen. Danach grob würfeln.
- Die Knoblauchzehen schälen und vierteln.
- Die Sonnenblumenkerne im Mixbehälter der Küchenmaschine kurz zerkleinern.
- Den Tofu, Knoblauch, die Hefeflocken und Gemüsebrühe ebenfalls in den Mixbehälter geben und alles zu einer glatten Creme verarbeiten.
- Die Tofucreme in eine Schüssel umfüllen und das Olivenöl, den Zitronensaft und die Zitronenschale sowie das Basilikum unterrühren.
- Das Basilikumpesto mit Salz und Pfeffer abschmecken.
- Vor dem Servieren 15 Minuten im Kühlschrank ziehen lassen und zu hausgemachten Tomaten-Basilikum-Gnocchi (siehe Seite 57), zu hausgemachten Hartweizennudeln (siehe Seite 37) oder zu Fusilli (Spiralnudeln) servieren.

Goldene Räuchertofusauce

1 große Zwiebel
1 – 2 Knoblauchzehen (nach Belieben)
4 – 5 EL Rapsöl
250 g Räuchertofu
100 ml trockener Weißwein
ersatzweise ungesüßter Apfelsaft mit 1 TL Weißweinessig
¼ l Soja- oder Hafersahne
3 – 4 EL Hefeflocken
2 TL gemahlene Kurkuma
1 TL Roh-Rohrzucker
2 – 3 MSP gemahlene Muskatnuss
½ Bund krause Petersilie
2 EL fein gehackter Oregano
5 EL mittelfein gehackte Walnusskerne
Meersalz
frisch gemahlener weißer Pfeffer

- Die Zwiebel und den Knoblauch schälen, fein hacken und in zwei Esslöffel heißem Öl anschwitzen. Danach Zwiebel und Knoblauch aus der Pfanne nehmen.
- Den Räuchertofu fein würfeln. Zwei bis drei weitere Esslöffel Rapsöl in der Pfanne erhitzen und den Räuchertofu darin von allen Seiten kross anbraten, sodass er leicht gebräunt ist.
- Die Zwiebel und den Knoblauch wieder in die Pfanne geben.
- Mit dem Wein ablöschen, die Temperatur etwas reduzieren und Sojasahne, Hefeflocken, Kurkuma, Zucker und gemahlene Muskatnuss unterrühren. Die Sauce etwa 5 Minuten köcheln lassen.
- In der Zwischenzeit die Petersilie kurz abbrausen, trockentupfen und fein hacken.
- Die Petersilie, den Oregano sowie die Walnusskerne zur Sauce geben.
- Die Sauce nochmals 2 – 3 Minuten ziehen lassen und herzhaft mit Salz und Pfeffer abschmecken.
- Zum Beispiel zu hausgemachten Festtagsspätzle (siehe Seite 49) oder zu Bandnudeln servieren.

Paprika-Tofu-Sauce

1 Zwiebel
1 – 2 Knoblauchzehen
4 EL Olivenöl
300 g Tofu (natur)
4 rote Paprikaschoten
½ TL gemahlene Kurkuma
2 EL weißer Balsamessig
3 EL fein gehackte glatte Petersilie
1 EL fein gehackter Majoran
1 EL fein gehackter Oregano
1 EL fein gehackter Thymian
1 TL fein gehackter Rosmarin
Meersalz
frisch gemahlene Chiliflocken

- Die Zwiebel und den Knoblauch schälen, fein hacken und in zwei Esslöffel heißem Olivenöl anschwitzen.
- Den Tofu kurz abbrausen, in Küchenkrepp einschlagen und vorsichtig das überschüssige Wasser auspressen. Danach fein würfeln und zusammen mit zwei weiteren Esslöffeln Olivenöl in die Pfanne zur Zwiebel geben.
- Den Tofu von allen Seiten anbraten.
- Die Paprika entkernen, in dünne Streifen schneiden und zusammen mit der Kurkuma und dem Balsamessig in die Pfanne geben. Alles etwa 5 Minuten schmoren, bis die Paprika weich sind.
- Die fein gehackten Kräuter hinzufügen und die Paprika-Tofu-Sauce nochmals 2 – 3 Minuten schmoren.
- Herzhaft mit Salz und Chiliflocken abschmecken und zum Beispiel zu hausgemachter Pasta (siehe Seite 39) oder zu Gemelli (gedrehte Nudeln) servieren.

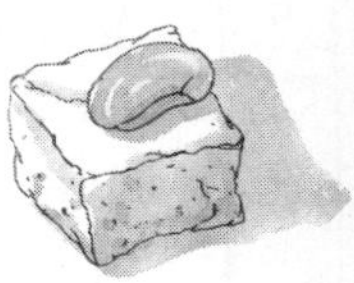

Thailändische Tofu-Tomaten-Sauce

1 Bund Frühlingszwiebeln
2 Knoblauchzehen
3 – 4 EL Soja- oder Rapsöl
400 g Karotten
550 g Tomaten
400 g Tofu (natur)

Für die Würzsauce:
Saft einer halben, unbehandelten Limette
4 – 5 EL Sojasauce
3 EL Tomatenmark
1 EL Speisestärke
1 TL Sambal Oelek (scharfe indonesische Chilipaste)
3 – 4 EL fein gehacktes thailändisches Basilikum ersatzweise normales Basilikum

- Die Frühlingszwiebeln in feine Scheiben schneiden, den Knoblauch schälen und fein hacken.
- Beides im Wok oder in einer hochwandigen Pfanne in zwei Esslöffel Sojaöl anbraten.
- Die Karotten schälen und in feine Stifte schneiden, die Tomaten würfeln.
- Den Tofu abbrausen, in Küchenkrepp einschlagen und vorsichtig das überschüssige Wasser auspressen. Den Tofu mundgerecht würfeln.
- Die Karotten in den Wok zu den Frühlingszwiebeln geben und etwa 2 Minuten anbraten.
- Den Tofu hinzufügen und ebenfalls 2 – 3 Minuten anbraten.
- Falls nötig, beim Braten noch ein bis zwei Esslöffel Sojaöl hinzufügen.
- Die Tomaten dazugeben und so lange braten, bis sie anfangen zu zerfallen.
- Für die **Würzsauce** alle Zutaten verrühren und in den Wok geben.
- Die Sauce 1 – 2 Minuten ziehen lassen und zu hausgemachten Reisnudeln (siehe Seite 40), hausgemachten Udon-Nudeln (siehe Seite 46) oder Mie-Nudeln servieren.

Röstsauce mit Tofu und Rosenkohl

Für den gerösteten Tofu:
300 g Tofu (natur)
3 EL Sojasauce
2 EL Ketjap Manis (süße indonesische Sojasauce)
2 EL Olivenöl
2 EL Kürbiskernöl
2 EL roter Balsamessig
3 – 4 MSP frisch gemahlener schwarzer Pfeffer

Für den gerösteten Rosenkohl:
750 g Rosenkohl
2 – 3 EL Olivenöl
2 EL Hefeflocken
1 ½ EL weißer Balsamessig
1 EL getrockneter Thymian
1 TL Meersalz
3 MSP frisch gemahlener weißer Pfeffer

4 EL fein gehackte krause Petersilie

- Für den **gerösteten Tofu** den Tofu kurz abbrausen, in Küchenkrepp einschlagen und vorsichtig das überschüssige Wasser auspressen. Danach den Tofu mundgerecht würfeln.
- Die restlichen Zutaten zu einer Marinade verrühren und den Tofu darin mindestens 60 Minuten, besser noch 3 – 4 Stunden ziehen lassen.
- Für den **gerösteten Rosenkohl** den Rosenkohl putzen, dabei alle losen Blätter abzupfen. Danach den Rosenkohl der Länge nach halbieren.
- Die Rosenkohlhälften mit dem Olivenöl, den Hefeflocken, dem Balsamessig, Thymian, Salz und Pfeffer vermischen.
- Die Rosenkohlhälften auf ein mit Backpapier ausgelegtes Backblech legen.
- Die Tofuwürfel etwas abtropfen lassen und ebenfalls auf das Backblech geben.

- Den Tofu und Rosenkohl in den **kalten** Backofen geben, die Temperatur auf 250 °C einstellen und 15 Minuten backen.
- Danach die Temperatur auf 200 °C reduzieren und weitere 30 Minuten backen, bis der Rosenkohl weich und die Oberfläche leicht gebräunt ist.
- Den Rosenkohl und Tofu in eine Schüssel geben und mit vier bis fünf Esslöffel Marinade sowie mit der Petersilie vermischen.
- Zum Beispiel zu hausgemachten Vollkornknöpfle (siehe Seite 51), zu herzhaften Dampfnudeln (siehe Seite 52) oder zu Vollkornspätzle servieren.

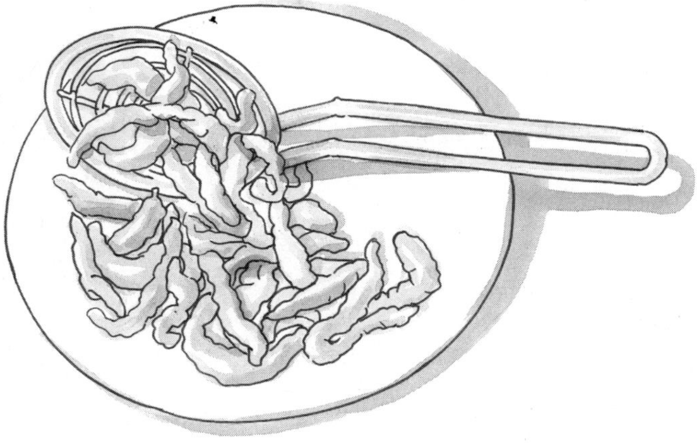

Sojabällchen auf Tomatensauce

für 18 – 20 Sojabällchen

Für die Sojabällchen:
125 g feines Sojageschnetzeltes
½ l heiße, kräftige Gemüsebrühe
1 rote Zwiebel
1 – 2 Knoblauchzehen
2 EL Olivenöl
5 EL Tomatenmark
5 EL geröstetes Kichererbsenmehl
5 EL Semmelbrösel
4 EL gehackte Mandeln
3 EL Sojasauce
2 EL Ketjap Manis (süße indonesische Sojasauce)
2 EL Rotweinessig
1 EL Dijonsenf oder scharfer Senf
1 EL grobkörniger Senf
2 EL fein gehackter Majoran
2 EL fein gehackter Oregano
1 TL mildes Paprikapulver
frisch gemahlener schwarzer Pfeffer
Meersalz (nach Belieben)
Olivenöl zum Braten

Für die Tomatensauce:
1 Schalotte
1 Knoblauchzehe
1 – 2 EL Olivenöl
650 g vollreife (Flaschen-)Tomaten
140 g Tomatenmark
1 EL Rotweinessig
3 MSP Roh-Rohrzucker
3 – 4 EL fein gehacktes Basilikum
Meersalz, frisch gemahlener schwarzer Pfeffer

- Für die **Sojabällchen** das Sojageschnetzelte mit der Gemüsebrühe übergießen und 15 Minuten darin quellen lassen.
- In der Zwischenzeit die Zwiebel und den Knoblauch schälen, fein hacken und im heißen Olivenöl anschwitzen.
- Die überschüssige Gemüsebrühe abgießen und das Sojageschnetzelte mit den Händen etwas auspressen, sodass es für die Weiterverarbeitung relativ trocken ist.
- Das Sojageschnetzelte mit der Zwiebel und dem Knoblauch vermischen.
- Das Tomatenmark, Kichererbsenmehl, die Semmelbrösel und Mandeln dazugeben.
- Die Sojasauce, Ketjap Manis, den Rotweinessig, Senf sowie die Kräuter und das Paprikapulver unterrühren.
- Die Masse mit Pfeffer und, falls gewünscht, mit noch etwas Salz abschmecken.
- Zum Braten jeweils einen gut gehäuften Esslöffel von der Masse abstechen und mit den Händen Bällchen formen.
- Die Sojabällchen im heißen Olivenöl in der Pfanne von beiden Seiten braten.
- Für die **Tomatensauce** die Schalotte und Knoblauchzehe schälen, fein hacken und im heißen Olivenöl anschwitzen.
- Die Tomaten fein würfeln und zur Schalotte in den Topf geben.
- Die Tomaten kurz anbraten, dann die Temperatur reduzieren und unter gelegentlichem Rühren 15 Minuten köcheln lassen, bis die Tomatenwürfel weich sind und etwas von der Kochflüssigkeit verdampft ist.
- Das Tomatenmark, den Rotweinessig und Zucker dazugeben.
- Das Basilikum hinzufügen und die Sauce nochmals 3 – 4 Minuten ziehen lassen, dann mit Salz und Pfeffer abschmecken.
- Die Sauce und Sojabällchen zum Beispiel zu hausgemachter Pasta (siehe Seite 39) oder zu Spaghetti servieren.

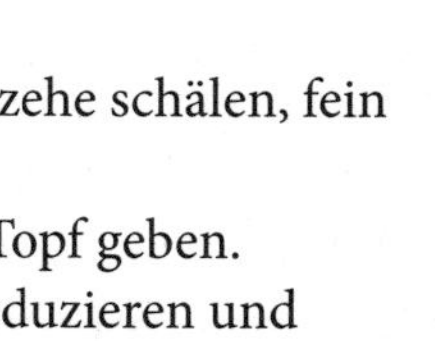

Sugo mit Sojageschnetzeltem

125 g grobes Sojageschnetzeltes
½ l heiße, kräftige Gemüsebrühe
1 Zwiebel
2 – 3 Knoblauchzehen
2 – 3 EL Olivenöl
2 Stangen Staudensellerie
400 g geschälte Tomaten in Stücken
150 ml trockener Rotwein
ersatzweise Tomatensaft mit 1 EL rotem Balsamessig
5 EL Tomatenmark
2 EL Sojasauce
1 EL roter Balsamessig
1 EL fein gehackter Thymian
1 EL fein gehackter Oregano
1 EL fein gehackter Majoran
1 EL fein gehacktes Basilikum
1 TL fein gehackter Rosmarin
1 TL mildes Paprikapulver
½ TL scharfes Paprikapulver
Meersalz
frisch gemahlener schwarzer Pfeffer

- Das Sojageschnetzelte mit der heißen Gemüsebrühe übergießen und 15 – 20 Minuten darin ziehen lassen.
- Die Zwiebel und den Knoblauch schälen, fein hacken und im heißen Olivenöl anschwitzen.
- Den Staudensellerie fein würfeln, zur Zwiebel in die Pfanne geben und ebenfalls kurz anschwitzen.
- Das Sojageschnetzelte samt der Gemüsebrühe in die Pfanne geben. Alles gut 5 Minuten köcheln lassen, sodass ein Teil der Flüssigkeit verkocht.
- Die geschälten Tomaten sowie den Rotwein hinzufügen und alles nochmals 15 Minuten köcheln lassen.

- Das Tomatenmark, die Sojasauce, den Balsamessig, die gehackten Kräuter sowie das Paprikapulver unterrühren und den Sugo nochmals 3 – 4 Minuten köcheln lassen.
- Den Sugo mit Salz und Pfeffer abschmecken und zu hausgemachten Hartweizennudeln (siehe Seite 37), zu hausgemachten Spinatnudeln (siehe Seite 44) oder zu Makkaroni servieren.

Nudelsuppen

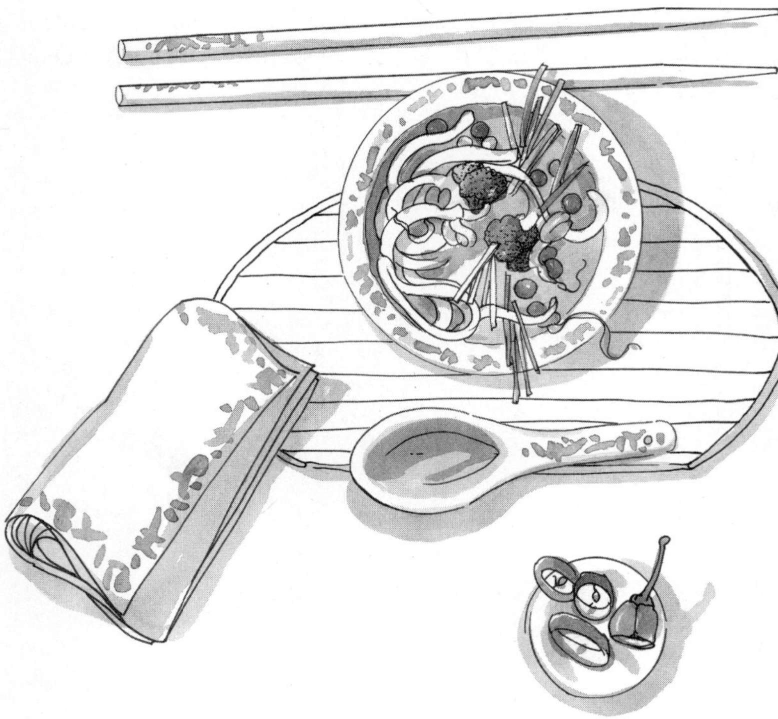

Die Spezies Nudel ist wasserliebend, möchte also gerne schwimmen. Was spricht also dagegen, Nudeln auch in Suppen zu geben? Ganz und gar nichts. In vielen Ländern serviert man deshalb gerne eine schmackhafte und sättigende Nudelsuppe. Im Folgenden habe ich eine kleine Auswahl der leckersten Nudelsuppen aus vielen Regionen dieser Erde für Sie zusammengestellt.

Frühlingssuppe mit Buchstabennudeln

2 Frühlingszwiebeln
2 – 3 EL Rapsöl
1 kleiner Kohlrabi
1 kleiner Zucchino
2 kleine Karotten
100 g grüne Erbsen (frisch oder tiefgekühlt)
1 ¼ l Gemüsebrühe
½ Bund gemischte Gartenkräuter
(zum Beispiel Schnittlauch, Petersilie, Kerbel, Estragon, Pimpinelle)
100 g Buchstabennudeln
2 EL Weißweinessig
Meersalz
frisch gemahlener weißer Pfeffer

- Die Frühlingszwiebeln in dünne Scheiben schneiden und im heißen Öl anschwitzen.
- Den Kohlrabi, Zucchino und die Karotten jeweils schälen, fein würfeln und zu den Frühlingszwiebeln in den Topf geben.
- Alles nochmals kurz anschwitzen, dann die grünen Erbsen und die Gemüsebrühe hinzufügen.
- Die Suppe kurz zum Kochen bringen, dann die Temperatur reduzieren und das Gemüse in 8 – 10 Minuten garen.
- Die Kräuter in der Zwischenzeit fein hacken.
- Die Buchstabennudeln, den Weißweinessig und die Kräuter hinzufügen und die Suppe nochmals etwa 5 Minuten köcheln lassen, bis die Buchstabennudeln bissfest gegart sind.
- Die Suppe vor dem Servieren mit Salz und Pfeffer abschmecken.

Bohnensuppe mit Spaghetti

200 g weiße Bohnen
600 ml Wasser
1 große Zwiebel
2 Knoblauchzehen
2 – 3 EL Olivenöl
2 Karotten
500 g passierte Tomaten
½ l Wasser
1 Zweig Bohnenkraut
2 Lorbeerblätter
150 g Spaghetti
100 ml trockener Rotwein
ersatzweise Tomatensaft mit 1 EL rotem Balsamessig
3 kleine Zweige Thymian
2 EL Rotweinessig
4 Blätter Salbei
5 EL Soja- oder Hafersahne
Meersalz
frisch gemahlener schwarzer Pfeffer

- Die Bohnen mit dem Wasser übergießen und über Nacht quellen lassen. Dann in einen Durchschlag geben und abtropfen lassen.
- Die Zwiebel und den Knoblauch schälen, fein hacken und im heißen Olivenöl anschwitzen.
- Die Karotten schälen, fein würfen und zur Zwiebel in den Topf geben. Kurz anschwitzen, dann mit den passierten Tomaten ablöschen.
- Die eingeweichten Bohnen, das Wasser, Bohnenkraut und die Lorbeerblätter hinzufügen.
- Die Suppe einmal kurz zum Kochen bringen. Dann die Temperatur reduzieren und alles unter gelegentlichem Rühren etwa 60 Minuten köcheln lassen.
- Die in mundgerechte Stücke gebrochenen Spaghetti, den Rotwein, Thymian und Rotweinessig zur Suppe geben und nochmals 20 Minuten köcheln lassen.

- Den Salbei fein hacken und zusammen mit der Sojasahne in die Suppe rühren.
- Die Suppe nochmals 5 Minuten ziehen lassen.
- Vor dem Servieren die Lorbeerblätter entfernen und die Suppe herzhaft mit Salz und Pfeffer abschmecken.

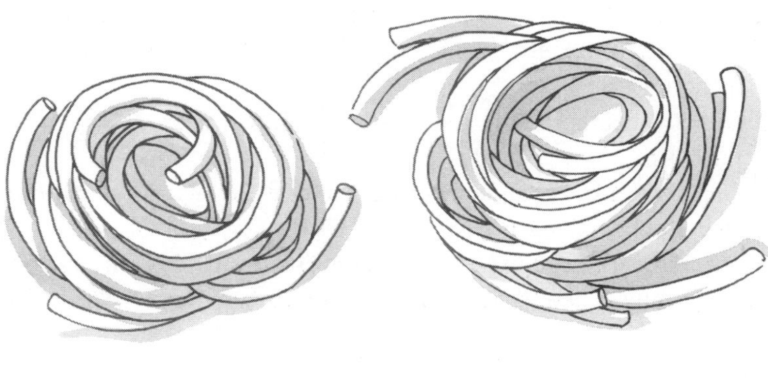

Cremige Karottensuppe auf thailändische Art

1 Zwiebel
1 – 2 Knoblauchzehen
2 – 3 EL Erdnuss- oder Sojaöl
750 g Karotten
1 walnussgroßes Stück Ingwer
Saft von 4 frisch ausgepressten Mandarinen (etwa 150 ml)
400 ml Wasser
600 ml Soja-, Reis- oder Haferdrink
5 EL Haferschmelzflocken
2 EL Apfelessig
2 EL süße thailändische Chilisauce
1 TL mildes Currypulver
2 – 3 MSP gemahlener Piment
2 – 3 MSP gemahlener Kreuzkümmel
100 g Mie-Nudeln
3 – 4 EL fein gehacktes Koriandergrün oder fein gehackte glatte Petersilie
Meersalz

- Die Zwiebel und den Knoblauch schälen, grob hacken und im heißen Erdnussöl anschwitzen.
- Die Karotten schälen und in Scheiben schneiden.
  Den Ingwer schälen und grob würfeln.
- Die Karotten und den Ingwer zusammen mit Mandarinensaft und Wasser zur Zwiebel in den Topf geben.
- Das Karottengemüse in 20 – 25 Minuten sehr weich kochen.
- Den Topf vom Herd nehmen und das Gemüse mit dem Pürierstab pürieren.
- Den Sojadrink und die Schmelzflocken hinzufügen und nochmals pürieren.
- Den Topf zurück auf den Herd geben und die Suppe unter Rühren zum Kochen bringen.
- Die Temperatur reduzieren und den Apfelessig, die Chilisauce, das Currypulver, den Piment und Kreuzkümmel unterrühren.

- Die Mie-Nudeln mit den Händeln zerkrümeln, sodass sie in mundgerechte Stücke zerkleinert werden, und zur Suppe geben.
- Die Suppe 10 – 12 Minuten köcheln lassen.
- Danach das Koriandergrün unterrühren und die Suppe mit Salz abschmecken.

Dofu cai mian (Chinesische Tofu-Nudel-Suppe)

für 4 – 6 Portionen

3 Frühlingszwiebeln
2 Knoblauchzehen
1 walnussgroßes Stück Ingwer
2 – 3 EL Erdnuss- oder Sojaöl
1 kleine Stange Lauch
1 große Karotte
400 g Pak Choi
250 g Brokkoliröschen
1 ¾ l Wasser oder Gemüsebrühe
200 g Tofu (natur)
125 g Mie-Nudeln
100 g Mungbohnen- oder Sojasprossen
1 ⅓ TL chinesisches Fünfgewürzepulver
4 – 5 EL Sojasauce
frisch gemahlene Chiliflocken

- Die Frühlingszwiebeln in feine Scheiben schneiden. Den Knoblauch und Ingwer schälen und fein hacken. Die Frühlingszwiebeln, den Knoblauch und Ingwer im heißen Erdnussöl anschwitzen.
- Den Lauch der Länge nach halbieren, dann in feine Halbmonde schneiden.
- Die Karotte schälen und in Stifte schneiden. Den Pak Choi in dünne Streifen schneiden.
- Den Lauch und die Karotte zu den Frühlingszwiebeln in den Topf geben und kurz anschwitzen.
- Die Brokkoliröschen, falls erforderlich, mundgerecht zerkleinern. Den Pak Choi und die Brokkoliröschen hinzufügen und ebenfalls kurz anschwitzen.
- Das Wasser hinzugießen und alles kurz zum Kochen bringen.
- Die Temperatur reduzieren und die Suppe 8 – 10 Minuten köcheln lassen.

- Den Tofu kurz abbrausen, in Küchenkrepp einschlagen und vorsichtig das überschüssige Wasser auspressen. Den Tofu danach mundgerecht würfeln und zur Suppe geben.
- Die Mie-Nudeln mit den Händen zerkrümeln, sodass mundgerechte Stücke entstehen, und zur Suppe geben.
- Die Mungbohnensprossen, das Fünfgewürzepulver sowie die Sojasauce hinzufügen und alles nochmals gut 5 Minuten köcheln lassen, bis die Mie-Nudeln bissfest gegart sind.
- Die Suppe mit etwas Chiliflocken abschmecken und servieren.

Tipp! Falls Sie im Asialaden oder beim Gemüsehändler keinen Pak Choi bekommen können, lässt sich dieser auch durch Mangold oder frischen Blattspinat ersetzen. Blattspinat aber bitte erst nach der ersten Kochzeit zusammen mit den Mie-Nudeln und dem Tofu hinzugeben.

Italienischer Eintopf mit Nudeln und Kartoffeln

1 Zwiebel
1 – 2 Knoblauchzehen
2 – 3 EL Olivenöl
1 Stange Lauch
1 Karotte
250 g grüne Bohnen (frisch oder tiefgekühlt)
4 mittelgroße Kartoffeln
400 g geschälte Tomaten in Stücken
etwa 700 ml Gemüsebrühe
2 Lorbeerblätter
200 g Gabelspaghetti oder andere kurze Pasta nach Wahl
2 – 3 EL Rotweinessig
4 EL fein gehackte glatte Petersilie
2 EL fein gehackter Majoran
Meersalz
frisch gemahlener schwarzer Pfeffer

- Die Zwiebel und den Knoblauch schälen, fein hacken und im heißen Olivenöl anschwitzen.
- Den Lauch in feine Scheiben schneiden, die Karotte schälen und würfeln. Die Bohnen putzen und, falls nötig, mundgerecht zerkleinern.
- Das Gemüse in der Reihenfolge Lauch, Karotte, Bohnen in den Topf geben und jeweils kurz anschwitzen.
- Die geschälten und mundgerecht gewürfelten Kartoffeln hinzufügen und alles mit den geschälten Tomaten ablöschen.
- Die Gemüsebrühe und Lorbeerblätter hinzufügen und die Suppe kurz zum Kochen bringen. Die Temperatur reduzieren und die Suppe etwa 10 Minuten köcheln lassen.
- Die Pasta und den Essig hinzufügen und die Suppe nochmals 10 Minuten oder so lange köcheln lassen, bis die Gabelspaghetti weich sind.
- Die Petersilie und den Majoran dazugeben und nochmals 2 – 3 Minuten köcheln lassen.
- Vor dem Servieren die Lorbeerblätter entfernen und die Suppe herzhaft mit Salz und Pfeffer abschmecken.

Linsensuppe mit Mini-Penne-Rigate

1 große Zwiebel
2 Knoblauchzehen
2 – 3 EL Olivenöl
2 Karotten
250 g grüne Du Puy-Linsen
2 Lorbeerblätter
900 ml Wasser
150 g Mini-Penne-Rigate oder andere kurze Pasta nach Wahl
2 EL Rotweinessig
2 EL fein gehackter Majoran
1 EL fein gehacktes Bohnenkraut
2 – 3 MSP gemahlener Koriander
100 ml Soja- oder Hafersahne
3 EL Sojasauce
4 EL fein gehackte glatte Petersilie
Meersalz
frisch gemahlener schwarzer Pfeffer

- Die Zwiebel und den Knoblauch schälen, fein hacken und im heißen Olivenöl anschwitzen.
- Die Karotten schälen, fein würfeln und zur Zwiebel in den Topf geben.
- Kurz anschwitzen, dann die Du Puy-Linsen, Lorbeerblätter und das Wasser hinzufügen.
- Das Ganze kurz zum Kochen bringen, dann die Temperatur reduzieren und die Suppe etwa 15 Minuten köcheln lassen.
- Die Mini-Penne-Rigate, den Rotweinessig, Majoran, das Bohnenkraut und den Koriander unterrühren und die Suppe nochmals gut 10 Minuten köcheln lassen.
- Die Sojasahne, Sojasauce und Petersilie dazugeben und die Suppe nochmals 3 – 4 Minuten ziehen lassen.
- Die Lorbeerblätter entfernen und die Suppe vor dem Servieren mit Salz und Pfeffer abschmecken.

Ratatouillesuppe

1 Zwiebel
2 – 3 Knoblauchzehen
2 – 3 EL Olivenöl
1 kleiner Zucchino
1 kleine Aubergine
1 gelbe Paprikaschote
400 g geschälte Tomaten in Stücken
2 TL getrocknete Kräuter der Provence
½ l heiße Gemüsebrühe
150 g kurze Makkaroni
5 EL Tomatenmark
2 EL Rotweinessig
4 EL fein gehacktes Basilikum
1 TL mildes Paprikapulver
Meersalz
frisch gemahlener schwarzer Pfeffer

- Die Zwiebel und den Knoblauch schälen, fein hacken und im heißen Olivenöl anschwitzen.
- Den Zucchino, die Aubergine und Paprika jeweils fein würfeln.
- Das Gemüse in der Reihenfolge Aubergine, Paprika, Zucchino zur Zwiebel in den Topf geben und jeweils 2 Minuten anschwitzen.
- Mit den geschälten Tomaten ablöschen und die Kräuter der Provence hinzufügen.
- Das Gemüse unter gelegentlichem Rühren 5 Minuten schmoren.
- Die Gemüsebrühe und die Makkaroni unterrühren.
- Weitere 12 – 15 Minuten schmoren, bis die Makkaroni bissfest gegart sind.
- Das Tomatenmark, den Rotweinessig und das Basilikum unterrühren.
- Mit dem Paprikapulver würzen sowie mit Salz und Pfeffer abschmecken.
- Die Ratatouillesuppe nochmals 3 – 4 Minuten ziehen lassen, dann zum Beispiel mit knusprigem Baguette servieren.

Tomaten-Fenchel-Suppe mit Gemelli

1 mittelgroße Zwiebel
1 – 2 Knoblauchzehen
3 EL Olivenöl
800 g geschälte Tomaten
2 kleine Fenchelknollen
4 Stangen Staudensellerie
150 g Gemelli (gedrehte Nudeln) oder kurze Makkaroni
350 ml Soja-, Reis- oder Haferdrink
3 EL Hefeflocken
2 EL fein gehackter Oregano
1 EL weißer Balsamessig
1 TL mildes Paprikapulver
4 EL fein gehackte glatte Petersilie
Meersalz
frisch gemahlener schwarzer Pfeffer

- Zwiebel und Knoblauch schälen, fein hacken und in einem Esslöffel heißem Öl anschwitzen.
- Geschälte Tomaten sowie deren Saft zusammen mit den Zwiebeln und dem Knoblauch in ein hochwandiges Rührgefäß geben. Mit dem Pürierstab zu einer glatten Creme pürieren.
- Von den Fenchelknollen das Fenchelgrün abschneiden und fein hacken.
- Die Fenchelknollen vierteln, die harten Strünke herausschneiden und den Fenchel fein würfeln. Den Staudensellerie ebenfalls fein würfeln.
- Zwei Esslöffel Olivenöl erhitzen und den Fenchel und Staudensellerie darin anschwitzen. Mit den pürierten Tomaten ablöschen.
- Die Gemelli sowie den Sojadrink hinzufügen und die Suppe etwa 15 Minuten unter gelegentlichem Rühren köcheln lassen.
- Hefeflocken, Oregano, Essig und Paprikapulver unterrühren.
- Die Suppe nochmals gut 5 Minuten köcheln lassen.
- Die Petersilie einrühren und mit Salz und Pfeffer abschmecken.
- Die Suppe mit dem fein gehackten Fenchelgrün überstreuen.

Türkische Linsensuppe mit Eriste

325 g grüne Linsen
1 l Wasser
2 Zwiebeln
3 EL Olivenöl
4 EL Weizenmehl (Type 1050)
1 ½ l heiße Gemüsebrühe
2 Lorbeerblätter
1 TL getrocknetes Bohnenkraut
3 MSP gemahlene Fenchelsamen
150 g türkische Eriste oder andere Bandnudeln nach Wahl
5 EL Tomatenmark
2 EL Rotweinessig
4 EL fein gehackte Minze
2 TL mildes Paprikapulver
½ TL scharfes Paprikapulver
Meersalz
frisch gemahlener schwarzer Pfeffer

- Die grünen Linsen mit dem Wasser übergießen und über Nacht oder mindestens 4 Stunden einweichen lassen.
- Danach in einen Durchschlag geben und abtropfen lassen.
- Die Zwiebeln schälen, fein hacken und im heißen Olivenöl anbräunen.
- Das Weizenmehl hinzufügen und ebenfalls anbräunen.
- Mit der Gemüsebrühe ablöschen. Die Linsen, Lorbeerblätter, das Bohnenkraut und die Fenchelsamen hinzufügen und alles kurz zum Kochen bringen.
- Die Temperatur reduzieren und die Suppe etwa 15 Minuten (oder bis die Linsen fast weich sind) köcheln lassen.
- Die Eriste, das Tomatenmark und den Rotweinessig hinzufügen und die Suppe nochmals 8 – 10 Minuten köcheln lassen, bis die Nudeln weich sind.
- Die fein gehackte Minze und das Paprikapulver unterrühren, die Suppe nochmals 2 – 3 Minuten ziehen lassen und vor dem Servieren mit Salz und Pfeffer abschmecken.

Absender/in:

....

....

....

....

....

Bitte ausreichend frankieren!

Antwort

pala-verlag

Postfach 11 11 22

64226 Darmstadt

Anregungen / Meinungen / Kritik:

- ☐ Schicken Sie mir bitte kostenlos Informationen über Ihr Gesamtprogramm
- ☐ Schicken Sie mir auch aktuelle Informationen per E-Mail (max. 3- bis 4-mal pro Jahr):

Meine E-Mail-Adresse: ....@ ....

Chinesische Reisnudelsuppe mit Miso

1 kleine Zwiebel
2 – 3 EL Erdnuss- oder Sojaöl
½ – 1 rote Chilischote
1 Stange Lauch
1 Karotte
1 kleine rote Paprikaschote
200 g Brokkoliröschen
1 ¼ l Wasser
100 g Reisnudeln
3 – 4 EL Sojasauce
3 EL Reis- oder Weißweinessig
1 – 2 EL Miso (zum Beispiel Genmai Miso)
4 EL fein gehackter Schnittlauch

- Die Zwiebel schälen, fein hacken und im heißen Erdnussöl anschwitzen.
- Von der Chilischote die Samen und Zwischenwände entfernen. Die Chilischote fein hacken, zur Zwiebel in den Topf geben und kurz anbraten.
- Den Lauch in feine Scheiben, die geschälte Karotte in feine Würfel und die entkernte Paprika in feine Streifen schneiden.
- Die Brokkoliröschen, falls erforderlich, mundgerecht zerkleinern.
- Das Gemüse in der Reihenfolge Lauch, Karotte, Paprika, Brokkoli in den Topf geben und jeweils kurz anbraten.
- Das Wasser hinzufügen und die Suppe kurz zum Kochen bringen. Die Temperatur reduzieren und die Suppe 5 Minuten köcheln lassen.
- Die Reisnudeln hinzufügen und nochmals 4 – 5 Minuten köcheln lassen, bis die Reisnudeln weich sind.
- Die Sojasauce und den Essig unterrühren.
- Zwei bis drei Esslöffel von der Kochflüssigkeit entnehmen und das Miso damit verrühren. Das Miso und den Schnittlauch zur Suppe geben.
- Die Suppe nochmals 3 – 4 Minuten ziehen lassen und servieren.

Nudelsalate

Nudelsalate sind die Nudelklassiker schlechthin. Sie passen geschmacklich eigentlich immer und sind die ideale kulinarische Begleitung für das Picknick, Grillvergnügen, den Kindergeburtstag, die Familienfeier und das Silvesterbuffet. Ich würde mich freuen, wenn einer der in diesem Kapitel vorgestellten Nudelsalate demnächst auch Ihre Party bereichert.

Nudelsalat auf türkische Art

3 l Wasser
1 – 2 TL Meersalz
300 g Spiralnudeln oder andere kurze Nudeln nach Wahl
2 rote Zwiebeln
5 EL Olivenöl
1 ½ Salatgurken
10 Mini-Romatomaten
150 g Sojajoghurt
2 EL Weißweinessig
2 MSP gemahlener Koriander
2 MSP gemahlener Kreuzkümmel
4 – 5 EL fein gehackte glatte Petersilie
5 EL Sonnenblumenkerne
Meersalz
scharfes Paprikapulver

- Das Wasser mit dem Salz zum Kochen bringen und die Spiralnudeln darin in etwa 10 Minuten bissfest garen.
- Die Spiralnudeln in einen Durchschlag geben, mit kaltem Wasser abspülen und gut abtropfen lassen.
- Die Zwiebeln schälen, fein hacken und in zwei Esslöffel heißem Olivenöl anschwitzen. Vor der Weiterverwendung abkühlen lassen.
- Die Salatgurken schälen und fein würfeln. Die Tomaten vierteln.
- Die abgekühlten Zwiebeln, Gurken und Tomaten zusammen mit den Spiralnudeln in eine Schüssel geben.
- Den Sojajoghurt, die verbliebenen drei Esslöffel Olivenöl, den Weißweinessig, Koriander, Kreuzkümmel und die Petersilie zu einem Dressing verrühren.
- Das Dressing zum Salat geben und gut vermischen.
- Die Sonnenblumenkerne unterziehen und den Nudelsalat herzhaft mit Salz und Paprikapulver abschmecken.

Griechischer Nudelsalat

2 ½ l Wasser
1 – 2 TL Meersalz
500 g Kritharaki-Nudeln
2 Frühlingszwiebeln
2 – 3 Knoblauchzehen
2 – 3 EL Olivenöl
1 grüne Paprikaschote
1 gelbe Paprikaschote
1 TL Meersalz
12 Mini-Romatomaten
15 schwarze entkernte Oliven

Für das Dressing:
150 g Sojajoghurt
2 EL Olivenöl
1 EL Weißweinessig
3 – 4 MSP scharfes Paprikapulver
4 EL fein gehackte glatte Petersilie
1 EL fein gehackte Minze

Meersalz
frisch gemahlener schwarzer Pfeffer

- Das Wasser mit dem Salz zum Kochen bringen und die Kritharaki-Nudeln darin in etwa 12 Minuten bissfest garen.
- Die Kritharaki-Nudeln in einen Durchschlag geben und mit kaltem Wasser abspülen. Danach gut abtropfen und abkühlen lassen.
- Die Frühlingszwiebeln in feine Scheiben schneiden, den Knoblauch schälen und fein hacken. Beides im heißen Olivenöl anschwitzen.
- Die Paprika fein würfeln und zusammen mit dem Salz ebenfalls in die Pfanne geben. Kurz anschwitzen, dann die halbierten Tomaten hinzufügen. Alles so lange schmoren, bis die Tomaten beginnen, weich zu werden.

- Die Pfanne vom Herd nehmen und das Gemüse vor der Weiterverwendung abkühlen lassen.
- Die Kritharaki-Nudeln, das Gemüse und die geviertelten Oliven in eine große Schüssel geben.
- Für das **Dressing** alle Zutaten zu einer glatten Creme verrühren.
- Das Dressing zum Salat geben und vorsichtig vermischen.
- Den Salat herzhaft mit Salz und Pfeffer abschmecken. Vor dem Servieren etwa 15 Minuten ziehen lassen.

Klassischer Nudelsalat aus Norddeutschland

3 l Wasser
1 – 2 TL Meersalz
400 g Spiralnudeln
3 Karotten
1 – 2 EL Rapsöl
100 ml Gemüsebrühe
250 g grüne Erbsen (frisch oder tiefgekühlt)
1 rote Paprikaschote
5 EL gegarter Gemüsemais

Für das Dressing:
3 EL Zitronensaft
2 EL Sonnenblumenöl
2 EL Rapsöl
1 – 2 EL scharfer Senf
2 EL fein gehackter Schnittlauch
2 EL fein gehackte krause Petersilie
1 EL fein gehackter Dill

Meersalz
frisch gemahlener weißer Pfeffer

- Das Wasser mit dem Salz zum Kochen bringen und die Spiralnudeln darin in etwa 10 Minuten bissfest garen.
- Die Spiralnudeln in einen Durchschlag geben, mit kaltem Wasser abspülen und gut abtropfen lassen.
- Die Karotten schälen, fein würfeln und im heißen Rapsöl kurz anschwitzen.
- Mit der Gemüsebrühe ablöschen, die Erbsen hinzufügen und das Gemüse in etwa 10 Minuten bissfest garen. Die überschüssige Gemüsebrühe abgießen und das Gemüse vor der Weiterverwendung abkühlen lassen.

- Die Paprika entkernen, fein würfeln und zusammen mit den Karotten, Erbsen, Spiralnudeln und dem Gemüsemais in eine Schüssel geben.
- Für das **Dressing** alle Zutaten miteinander verrühren.
- Das Dressing zum Salat geben und gut vermischen.
- Den Nudelsalat herzhaft mit Salz und Pfeffer abschmecken und vor dem Servieren 15 Minuten ziehen lassen.

Nudelschichtsalat

für 6 – 8 Portionen

2 ½ l Wasser
1 – 2 TL Meersalz
250 g kurze Makkaroni
2 kleine Stangen Lauch
3 Karotten
250 g gegarter Gemüsemais
200 g geraspeltes Weißkraut

Für das Dressing:
450 g Sojajoghurt
150 ml Soja-, Reis- oder Haferdrink
4 – 5 EL Olivenöl
Saft einer halben, unbehandelten Zitrone
5 – 6 EL fein gehackte gemischte Gartenkräuter (zum Beispiel Schnittlauch, Petersilie, Kerbel, Dill, Estragon)
1 – 2 EL Agavendicksaft
1 – 2 TL Meersalz
4 – 5 MSP frisch gemahlener weißer Pfeffer

- Das Wasser mit dem Salz zum Kochen bringen und die Makkaroni darin in 6 – 7 Minuten bissfest garen.
- Die Makkaroni in einen Durchschlag geben, mit kaltem Wasser abspülen und gut abtropfen lassen.
- Den Lauch in feine Scheiben schneiden. Die Karotten schälen und raspeln.
- Für das **Dressing** alle Zutaten miteinander verrühren.
- Nun den Schichtsalat wie folgt zusammensetzen:
- Die Hälfte der Makkaroni in eine Schüssel geben, ein wenig mit der Rückseite eines Löffels andrücken und mit etwas Dressing überträufeln.
- Die Hälfte des Lauchs darübergeben und mit etwas Dressing überträufeln.

- Die Hälfte der Karotten sowie des Gemüsemaises darübergeben und mit etwas Dressing überträufeln.
- Die Hälfte des Weißkrauts darauf verteilen und mit etwas Dressing überträufeln.
- Danach den Rest der Makkaroni darübergeben und wieder mit etwas Dressing überträufeln.
- Das verbliebene Gemüse und Dressing in der beschriebenen Reihenfolge aufeinanderschichten.
- Den Schichtsalat mit Frischhaltefolie abdecken und im Kühlschrank mindestens 12 Stunden ziehen lassen.

Tipp! Ein prima Partysalat, der sich ohne viel Mühe zusammensetzen lässt und ohne Stress am Tag vor der Party zubereitet werden kann.
Wenn Sie Rohkost nicht so gut vertragen, empfiehlt es sich, den Lauch, die Karotten und den Weißkohl jeweils in ein bis zwei Esslöffel Olivenöl anzuschwitzen, abkühlen zu lassen und dann wie im Rezept beschrieben zu verfahren.

Spargelsalat mit Farfalle

3 ½ l Wasser
1 – 2 TL Meersalz
400 g Farfalle
2 Schalotten
2 EL Olivenöl
500 g weißer Spargel
50 ml trockener Sherry
ersatzweise ungesüßter Apfelsaft mit 1 TL Sherry-Essig
200 g grüne Erbsen (frisch oder tiefgekühlt)
80 g Mandeln

Für das Dressing:
Saft einer halben, kleinen, unbehandelten Zitrone
2 EL Olivenöl
1 TL mittelscharfer Senf
1 TL Meersalz
150 ml Soja-, Reis- oder Haferdrink
1 TL Johannisbrotkernmehl
4 EL fein gehackte krause Petersilie
2 EL fein gehackter Estragon
Meersalz
frisch gemahlener weißer Pfeffer

- Das Wasser mit dem Salz zum Kochen bringen und die Farfalle darin in etwa 10 Minuten bissfest garen.
- Die Farfalle in einen Durchschlag geben und mit kaltem Wasser abspülen. Danach gut abtropfen und abkühlen lassen.
- Die Schalotten schälen, fein hacken und in dem heißen Olivenöl anschwitzen.
- Vom Spargel die holzigen Enden abschneiden, dann schälen und in mundgerechte Stücke schneiden. Die Spargelköpfe beiseite legen.
- Die Spargelstücke zu den Schalotten in die Pfanne geben und kurz zusammen anbraten.
- Mit dem Sherry ablöschen und den Spargel 15 Minuten bissfest garen.

- Nach der Hälfte der Kochzeit die Spargelköpfe und Erbsen hinzufügen.
- Sobald das Gemüse bissfest gegart ist, die Pfanne vom Herd nehmen und die grob gehackten Mandeln unterrühren.
- Das Gemüse vor der Weiterverwendung abkühlen lassen.
- Für das **Dressing** den Zitronensaft, das Olivenöl, den Senf und das Salz in ein hochwandiges Rührgefäß geben. Kurz mit dem Pürierstab bearbeiten.
- Danach bei laufendem Pürierstab zuerst den Sojadrink, dann das Johannisbrotkernmehl hinzufügen.
- Den Pürierstab so lange weiter betätigen, bis die Masse etwas eindickt.
- Die Petersilie und den Estragon unterziehen.
- Das Dressing herzhaft mit Salz und Pfeffer würzen, zum Salat geben und vorsichtig untermischen.
- Den Salat vor dem Servieren 15 Minuten ziehen lassen.

Spätzlesalat nach Försterart

3 l Wasser
1 – 2 TL Meersalz
400 g Spätzle
1 rote Zwiebel
1 Knoblauchzehe (nach Belieben)
2 – 3 EL Rapsöl
250 g Räuchertofu
250 g (braune) Champignons
5 Cornichons
3 EL Rapsöl
1 EL Kürbiskernöl
2 EL Sojasauce
2 EL weißer Balsamessig
3 EL fein gehackte glatte Petersilie
3 EL fein gehackter Schnittlauch
Meersalz
frisch gemahlener schwarzer Pfeffer

- Das Wasser mit dem Salz zum Kochen bringen und die Spätzle darin in etwa 12 Minuten bissfest garen.
- Die Spätzle in einen Durchschlag geben und mit kaltem Wasser abspülen. Danach gut abtropfen und abkühlen lassen.
- Die Zwiebel und den Knoblauch schälen, fein hacken und im heißen Rapsöl anschwitzen.
- Den Räuchertofu fein würfeln und zur Zwiebel in die Pfanne geben. Unter gelegentlichem Rühren anbräunen.
- Die Champignons in feine Scheiben schneiden und ebenfalls in die Pfanne geben. So lange schmoren, bis sie weich sind.
- Das Gemüse und den Räuchertofu vor der Weiterverwendung abkühlen lassen.
- Die Spätzle, das Gemüse und den Räuchertofu in eine große Schüssel geben.
- Die Cornichons in feine Scheiben schneiden und unterrühren.

- Das Rapsöl, Kürbiskernöl, die Sojasauce, den Balsamessig und die Kräuter zu einem Dressing verrühren.
- Das Dressing zum Salat geben und vorsichtig vermischen.
- Den Spätzlesalat herzhaft mit Salz und Pfeffer abschmecken und vor dem Servieren 15 Minuten ziehen lassen.

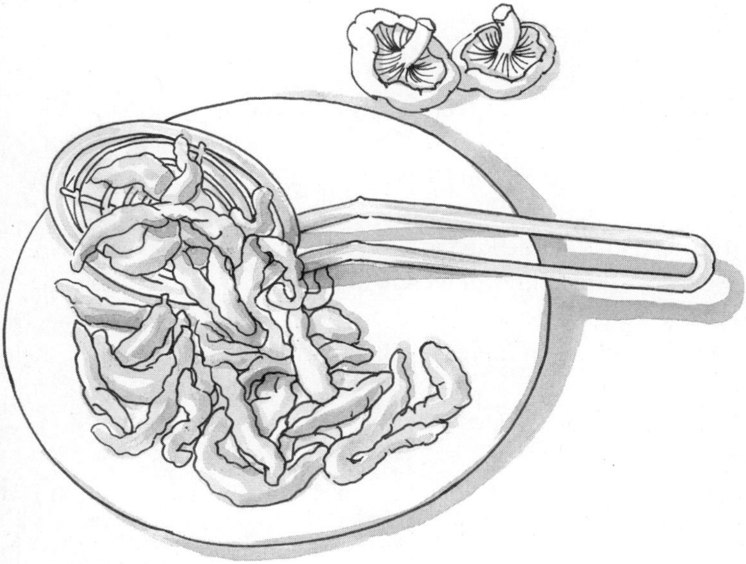

Guacamole-Nudel-Salat aus Mexico

3 l Wasser
1 – 2 TL Meersalz
350 g Orecchiette (Öhrchen-Nudeln)
2 Frühlingszwiebeln
2 – 3 Knoblauchzehen
2 Tomaten
6 mild eingelegte grüne Pfefferschoten
2 reife Avocados
Saft und Schale einer halben, unbehandelten Limette
4 EL fein gehackte glatte Petersilie
2 EL fein gehacktes Koriandergrün
5 EL Olivenöl
3 – 4 Spritzer rote Chilisauce
Meersalz
frisch gemahlener weißer Pfeffer

- Das Wasser mit dem Salz zum Kochen bringen und die Orecchiette darin in etwa 12 Minuten bissfest garen.
- Die Nudeln in einen Durchschlag geben, mit kaltem Wasser abspülen, gut abtropfen und abkühlen lassen.
- Die Frühlingszwiebeln in feine Scheiben schneiden. Den Knoblauch schälen und sehr fein hacken.
- Die Tomaten würfeln, die Pfefferschoten in Scheiben schneiden.
- Die Avocados schälen und halbieren. Die Kerne entfernen und das Fruchtfleisch würfeln.
- Das Gemüse zusammen mit dem Limettensaft und der Limettenschale in eine Schüssel geben.
- Die abgekühlten Orecchiette hinzufügen und alles vorsichtig vermischen.
- Die Petersilie und das Koriandergrün mit dem Olivenöl verrühren.
- Zum Salat geben und vorsichtig unterziehen.
- Den Guacamole-Salat mit roter Chilisauce sowie Salz und Pfeffer abschmecken und servieren.

Thailändischer Nudelsalat

250 g Mie-Nudeln
1 l Wasser
1 reife Mango
2 rote Paprikaschoten
4 Frühlingszwiebeln
⅓ Salatgurke
1 walnussgroßes Stück Ingwer (nach Belieben auch mehr)
1 große Knoblauchzehe
5 EL grob gehackte Cashewnüsse

Für das Dressing:
3 – 4 EL Sojasauce
2 – 3 EL Ketjap Manis (süße indonesische Sojasauce)
2 – 3 EL süße thailändische Chilisauce
3 EL Sesamöl
Saft einer unbehandelten Limette
3 – 4 EL fein gehacktes Koriandergrün

- Die Mie-Nudeln mundgerecht zerkleinern und im kochenden Wasser in etwa 5 Minuten bissfest garen.
- Die Nudeln in einen Durchschlag geben, mit kaltem Wasser abspülen, gut abtropfen und abkühlen lassen.
- Die Mango schälen und in feine Würfel schneiden.
- Die Paprika entkernen, in feine Streifen, die Frühlingszwiebeln in feine Scheiben schneiden.
- Die Salatgurke würfeln.
- Den Ingwer und Knoblauch schälen und fein hacken.
- Die Nudeln, das Gemüse und die Cashewnüsse in einer Schüssel vermischen.
- Die Zutaten für das **Dressing** miteinander verrühren, zum Salat geben und vorsichtig unterziehen.
- Den Nudelsalat vor dem Servieren 15 Minuten ziehen lassen.

Gefüllte Nudeln

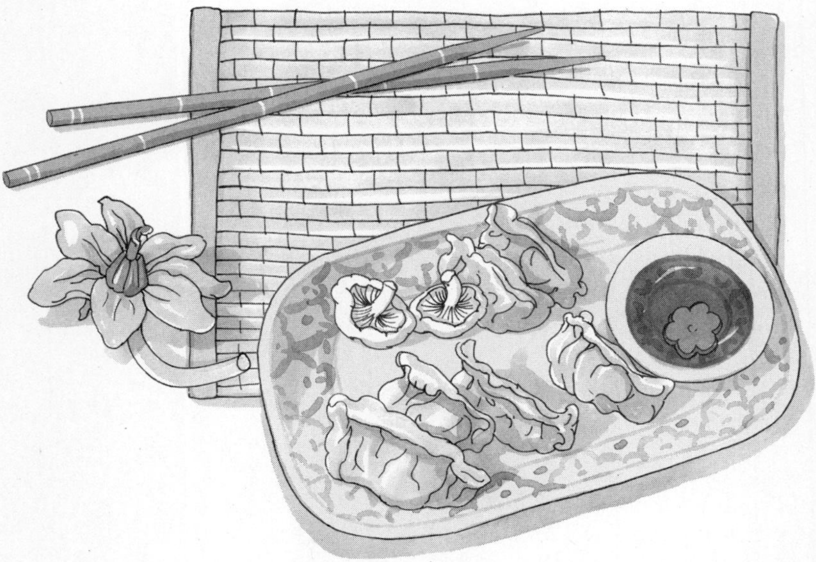

In der großen, weiten Nudelwelt gehören gefüllte Nudeln gewissermaßen zum kulinarischen Hochadel. Für Gaumen und Magen sind italienische Lasagne, schwäbische Maultaschen, türkische Manti oder asiatische Teigtaschen ein Hochgenuss, vor allem dann, wenn sie in der eigenen Küche hergestellt wurden. Und spätestens beim zweiten Biss hat man den ein wenig zeitintensiven Aufwand, den ihre Zubereitung erfordert, schon wieder vergessen.

Cannelloni mit mediterraner Füllung

Für 12 Teigplatten:
200 g Weizenmehl (Type 1050)
150 g Hartweizengrieß
1 TL Johannisbrotkernmehl
1 TL Meersalz
4 EL Olivenöl
etwa 150 ml Wasser
1 EL Weizenmehl (Type 1050)

Für die Füllung:
3 Frühlingszwiebeln
1 – 2 Knoblauchzehen
2 – 3 EL Olivenöl
1 große Aubergine
2 mittelgroße Zucchini
400 g geschälte Tomaten in Stücken
12 in Öl eingelegte, getrocknete Tomaten
5 EL Tomatenmark
½ Bund fein gehackte italienische Kräuter (Basilikum, Oregano, Majoran, Rosmarin)
Meersalz
frisch gemahlener schwarzer Pfeffer

Für die Hefeschmelzsauce:
3 EL Olivenöl
4 EL Weizenmehl (Type 1050)
½ l Soja-, Reis- oder Haferdrink
4 EL Hefeflocken
1 EL mittelscharfer Senf
1 EL weißes Sesammus (Tahin)
1 TL Meersalz
2 – 3 MSP gemahlene Muskatnuss
5 EL Soja- oder Hafersahne
2 – 3 MSP frisch gemahlener weißer Pfeffer

1 l Wasser
Olivenöl für die Auflaufform
4 EL Semmelbrösel
½ TL mildes Paprikapulver
4 – 5 EL Olivenöl

- Den **Teig** wie für die klassische Pasta beschrieben (siehe Seite 39) zubereiten und 30 Minuten im Kühlschrank ruhen lassen.
- Den Teig in drei Portionen schneiden und diese etwa 2 Millimeter dünn ausrollen.
- Jede Teigbahn in vier Teigplatten (etwa 14 × 12 cm) schneiden, sodass insgesamt 12 Teigplatten entstehen. Mit etwas Mehl bestäuben und 60 Minuten antrocknen lassen.
- Für die **Füllung** die Frühlingszwiebeln und den geschälten Knoblauch fein hacken und im heißen Olivenöl anschwitzen.
- Aubergine und Zucchini fein würfeln und ebenfalls in den Topf geben. Kurz kräftig anbraten, dann mit den geschälten Tomaten ablöschen.
- Die getrockneten Tomaten in dünne Streifen schneiden und ebenfalls in den Topf geben.
- Alles 8 – 10 Minuten köcheln lassen.
- Tomatenmark und Kräuter unterziehen und mit Salz und Pfeffer abschmecken.
- Für die **Hefeschmelzsauce** das Olivenöl erhitzen. Das Mehl hinzufügen und kurz anbraten.
- In kleinen Portionen den Sojadrink klümpchenfrei unterrühren.
- Hefeflocken, Senf, Sesammus, Salz und die gemahlene Muskatnuss hinzufügen.
- Die Sauce kurz aufkochen, dann die Temperatur reduzieren und die Sauce 2 – 3 Minuten köcheln lassen.
- Den Topf vom Herd nehmen, Sojasahne und Pfeffer unterrühren.

- Das Wasser in einer hochwandigen Pfanne zum Kochen bringen.
- Die Teigplatten darin einzeln jeweils etwa 2 Minuten vorgaren. (Der Teig sollte nach dem Vorgaren gut biegsam sein und nicht reißen.)
- Die Teigplatten auf ein **feuchtes** Geschirrtuch geben und vorsichtig glatt streichen. Jeweils auf das untere Drittel etwas von der Füllung geben, dann den Teig mit der unteren Schnittkante über die Füllung klappen und nach oben hin aufrollen.
- So weiterverfahren, bis alle Teigplatten gefüllt sind.
- Die Cannelloni in eine gut gefettete, große Auflaufform setzen und mit der Hefeschmelzsauce übergießen.
- Die Semmelbrösel mit dem Paprikapulver verrühren. Die Cannelloni damit überstreuen und mit dem Olivenöl überträufeln.
- Die Cannelloni im Backofen bei 200 °C 35 – 40 Minuten garen.

Gemüse-Maultaschen

für etwa 24 Maultaschen, 4 – 6 Portionen

Für den Teig:
200 g Weizenmehl (Type 1050)
200 g Hartweizengrieß
1 – 2 TL Meersalz
1 TL Johannisbrotkernmehl
4 EL Olivenöl
etwa 170 ml Wasser
1 EL Weizenmehl (Type 1050)
Weizenmehl für die Arbeitsfläche

Für die Füllung:
3 mittelgroße Kartoffeln
etwas Wasser
1 kleine Stange Lauch
1 kleiner Kohlrabi
2 kleine Karotten
100 ml Gemüsebrühe
1 altbackenes (Vollkorn-)Brötchen
2 EL fein gehackter Schnittlauch
2 EL fein gehackte glatte Petersilie
1 EL fein gehackter Kerbel
1 EL fein gehackter Estragon
2 – 3 MSP gemahlene Muskatnuss
3 EL Röstzwiebeln
2 EL Semmelbrösel
Meersalz
frisch gemahlener schwarzer Pfeffer

etwa 1 ½ l Gemüsebrühe
4 – 5 EL fein gehackter Schnittlauch

- Den **Teig** wie für die klassische Pasta beschrieben (siehe Seite 39) zubereiten und 30 Minuten im Kühlschrank ruhen lassen.
- Danach den Teig in drei Portionen teilen und jeweils zu etwa 2 Millimeter dünnen Teigbahnen ausrollen.
- Für die **Füllung** die Kartoffeln schälen, vierteln, mit Wasser bedecken und in 15 – 20 Minuten weich kochen. Die Kartoffeln abgießen und mit einer Gabel zermusen.
- Den Lauch in Scheiben schneiden, Kohlrabi und Karotten würfeln. In der Gemüsebrühe in 15 – 20 Minuten sehr weich kochen. Das Gemüse mit dem Pürierstab pürieren und zu den zermusten Kartoffeln geben.
- Das Brötchen 3 – 4 Minuten in etwas Wasser einweichen. Das überschüssige Wasser sorgfältig auspressen, das Brötchen zerpflücken und zur Gemüsemischung geben.
- Die gehackten Kräuter, Muskatnuss, Röstzwiebeln und Semmelbrösel unterrühren. Herzhaft mit Salz und Pfeffer abschmecken.
- Den Teig mit einem umgedrehten Wasserglas oder einem Teigtaschenformer zu Kreisen von etwa 12 Zentimeter Durchmesser ausstechen.
- Auf jeden Teigkreis mittig einen gehäuften Esslöffel von der Füllung setzen. Die Teigkreise zu Halbmonden zusammenklappen und die Ränder mit den Zinken einer Gabel gut andrücken oder die Teigkreise mit dem Teigtaschenformer zusammenpressen.
- Die fertigen Teigtaschen kurz ruhen lassen.
- Die Brühe in einem flachen, breiten Topf zum Kochen bringen. Die Maultaschen in drei Portionen jeweils 10 Minuten garen.
- Die fertigen Maultaschen bei 120 °C im Backofen warm halten, gelegentlich mit etwas Brühe überträufeln.
- Die Maultaschen mit dem Schnittlauch überstreuen und, falls gewünscht, in einem tiefen Teller mit etwas Gemüsebrühe anrichten.

Gyozas (Japanische Teigtaschen)

Für den Teig:
325 g Weizenmehl (Type 1050)
50 g Speisestärke
1 TL Meersalz
etwa 210 ml Wasser
1 EL Weizenmehl (Type 1050)
Weizenmehl für die Arbeitsfläche

Für die Füllung:
70 g feines Sojageschnetzeltes
400 ml kräftige Gemüsebrühe
3 kleine Frühlingszwiebeln
1 kleine Karotte
1 – 2 Knoblauchzehen
1 walnussgroßes Stück Ingwer
3 – 4 EL Sojasauce
2 EL Speisestärke
1 EL Apfelessig
1 EL Sesamöl
3 EL fein gehackter Schnittlauch
frisch gemahlene Chiliflocken

Für die Klebermischung:
4 EL Wasser
1 EL Speisestärke

Für den Dip:
Saft einer kleinen, unbehandelten Zitrone
5 EL Sojasauce
3 EL Wasser
3 MSP Roh-Rohrzucker

4 – 8 EL Erdnuss- oder Sojaöl
400 ml Wasser

- Für den **Teig** die trockenen Zutaten in einer Schüssel vermischen.
- Das Wasser in kleinen Portionen hinzufügen und alles zu einem glatten Teig verkneten.
- Den Teig zur Kugel formen, mit dem Mehl überstäuben und abgedeckt 60 Minuten im Kühlschrank ruhen lassen.
- Danach den Teig in drei Portionen schneiden und jeweils zu etwa 2 Millimeter dünnen Teigbahnen ausrollen.
- Für die **Füllung** das Sojageschnetzelte mit der Gemüsebrühe übergießen und 10 Minuten ziehen lassen. Danach die nicht aufgesogene Gemüsebrühe abgießen und das Sojageschnetzelte auspressen.
- Die Frühlingszwiebeln in feine Scheiben schneiden, die Karotte schälen und fein raspeln.
- Den Knoblauch und Ingwer schälen, reiben und mit den Frühlingszwiebeln, der Karotte und dem Sojageschnetzelten vermengen.
- Die Sojasauce, Speisestärke, den Apfelessig und das Sesamöl unterrühren.
- Den Schnittlauch hinzufügen und die Füllung mit Chiliflocken abschmecken.
- Damit die Ränder der Gyozas beim Garen nicht aufgehen, empfiehlt es sich, sie mit einer **Klebermischung** zu bestreichen. Dafür das Wasser mit der Speisestärke verrühren.
- Den Teig mit einem umgedrehten Wasserglas oder einem Teigtaschenformer zu Kreisen von etwa 8 Zentimeter Durchmesser ausstechen.
- Auf jeden Teigkreis mittig einen gehäuften Teelöffel Füllung setzen.
- Den Rand mit ein wenig von der Klebermischung befeuchten, die Hälfte des Teigkreises über die Füllung klappen und die Ränder in Falten legend zusammendrücken. Schneller geht es, wenn man die Teigkreise auf den Teigtaschenformer legt, die Füllung hineingibt, die Ränder mit der Klebermischung bestreicht und den Teigtaschenformer zusammenklappt.
- Die fertig gefüllten Gyozas 15 Minuten ruhen lassen.
- In der Zwischenzeit die Zutaten für den **Dip** zusammenrühren.
- Die Gyozas nun in vier Portionen wie folgt ausbacken:
- Pro Portion ein bis zwei Esslöffel Erdnussöl in der Pfanne erhitzen. Die Gyozas in die heiße Pfanne geben und die Unterseiten anbräunen.

- Die Pfanne kurz vom Herd nehmen und 100 Milliliter Wasser dazugießen. (Achtung, das Wasser kann spritzen!)
- Die Pfanne zurück auf den Herd geben und den Deckel auflegen. Die Gyozas nun 4 – 5 Minuten dämpfen, bis das Wasser verkocht ist. Die Gyozas kurz in der offenen Pfanne ausdampfen lassen, dann bis zur Fertigstellung der restlichen Gyozas auf einem Backblech bei 80 °C im Backofen warm halten. Mit dem Dip servieren.

Tipp! Die fertig gefüllten Gyozas können auch im Bambuskörbchen gedämpft werden.

Das Rezept ergibt etwa 44 Gyozas, 4 – 6 Portionen.

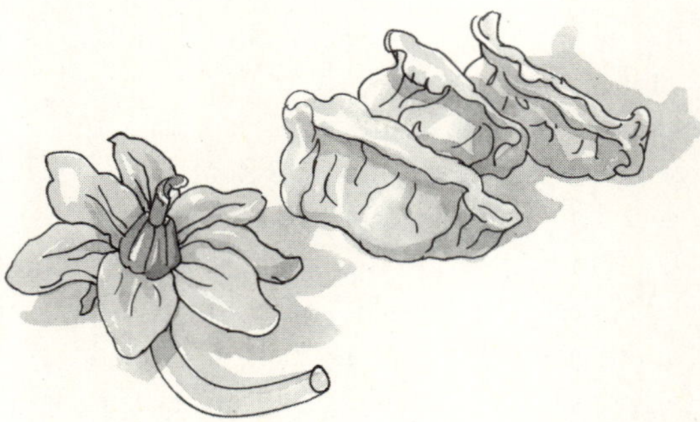

Kürbis-Linsen-Lasagne

Für die Teigplatten:
350 g Dinkelmehl (Type 630)
3 EL geröstetes Kichererbsenmehl
1 TL Meersalz
3 EL Rapsöl
etwa 200 ml Wasser
1 EL Dinkelmehl (Type 630)
Dinkelmehl für die Arbeitsfläche

Für die Kürbis-Linsen-Sauce:
1 Zwiebel
1 – 2 Knoblauchzehen
2 – 3 EL Rapsöl
1 kleiner Hokkaidokürbis (etwa 1 kg)
150 g rote Linsen
1 Lorbeerblatt
400 g geschälte Tomaten in Stücken
350 ml Gemüsebrühe
2 EL Rotweinessig
2 EL fein gehackter Thymian
2 EL fein gehackter Majoran
Meersalz
frisch gemahlene Chiliflocken

Für die weiße Petersiliensauce:
1 kleine Zwiebel
2 – 3 EL Rapsöl
5 EL Weizenmehl (Type 1050)
400 ml Soja-, Reis- oder Haferdrink
3 EL Hefeflocken
1 EL weißes Sesammus (Tahin)
2 – 3 MSP gemahlene Muskatnuss
½ Bund glatte Petersilie
200 ml Soja- oder Hafersahne

Meersalz
frisch gemahlener weißer Pfeffer

Rapsöl für die Form
4 EL (Vollkorn-)Semmelbrösel

- Den **Teig** wie für die klassische Pasta beschrieben (siehe Seite 39) zubereiten und 30 Minuten im Kühlschrank ruhen lassen.
- Danach den Teig in drei Portionen schneiden und jeweils etwa 2 Millimeter dünn ausrollen. Die Teigbahnen passend zur gewählten Auflaufform zurechtschneiden.
- Für die **Kürbis-Linsen-Sauce** die Zwiebel und den Knoblauch schälen, fein hacken und im heißen Rapsöl anschwitzen.
- Den Kürbis halbieren (nicht schälen!) und die Kerne entfernen.
- Das Kürbisfleisch fein würfeln, zur Zwiebel in den Topf geben und kurz anschwitzen.
- Die roten Linsen, das Lorbeerblatt, die geschälten Tomaten sowie die Gemüsebrühe hinzufügen.
- Das Gemüse unter gelegentlichem Rühren etwa 20 Minuten schmoren, bis die Linsen weich sind und der Kürbis zu zerfallen beginnt.
- Den Rotweinessig, Thymian und Majoran hinzufügen und die Kürbis-Linsen-Sauce nochmals 3 – 4 Minuten schmoren.
- Das Lorbeerblatt entfernen und die Sauce herzhaft mit Salz und Chiliflocken abschmecken.
- Für die weiße **Petersiliensauce** die Zwiebel schälen, fein hacken und im heißen Rapsöl anschwitzen.
- Das Mehl dazugeben und ebenfalls kurz anschwitzen.
- Unter Rühren in kleinen Portionen den Sojadrink hinzufügen. So lange rühren, bis sich alle Klümpchen aufgelöst haben.
- Die Hefeflocken, das Sesammus und die gemahlene Muskatnuss einrühren.
- Die Sauce unter Rühren zum Kochen bringen. So lange kochen, bis sie anfängt einzudicken, dann die Temperatur deutlich reduzieren.
- Die Petersilie fein hacken. Mit der Sojasahne zur Sauce geben und die Sauce nochmals 2 – 3 Minuten ziehen lassen. Mit Salz und Pfeffer abschmecken.

- Die Hälfte der Kürbis-Linsen-Sauce in eine gut gefettete, große Auflaufform geben und glatt streichen.
- Mit einer Schicht ausgerolltem Lasagneteig bedecken.
- Den Teig mit der Hälfte der weißen Petersiliensauce bestreichen.
- Eine weitere Schicht ausgerollten Lasagneteig darauf geben.
- Die verbliebene Kürbis-Linsen-Sauce darauf streichen.
- Mit einer weiteren Schicht ausgerolltem Lasagneteig bedecken.
- Die verbliebene Sauce darübergeben und mit den Semmelbröseln überstreuen.
- Die Kürbis-Linsen-Lasagne im Backofen bei 200 °C 40 – 45 Minuten backen.

Tipp! Falls Sie beim Ausrollen des Lasagneteigs noch nicht so geübt sind, können Sie den Teig auch zu sechs kleineren Teigbahnen ausrollen und diese an die Größe der Auflaufform anpassen.

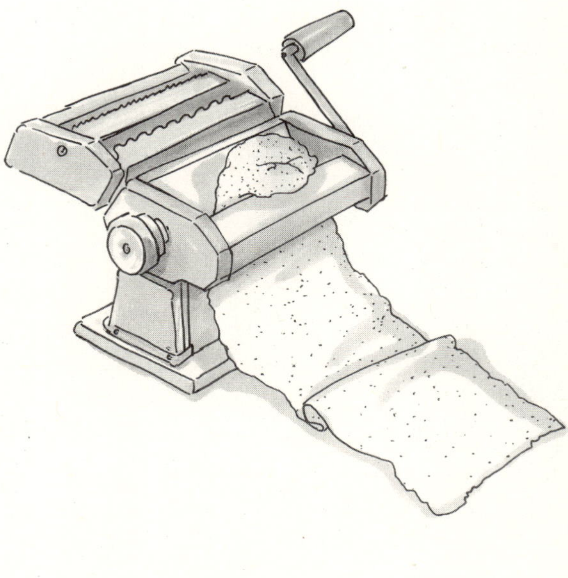

Pilzravioli mit Tomatenconfit

für 40 Pilzravioli, 4 – 6 Portionen

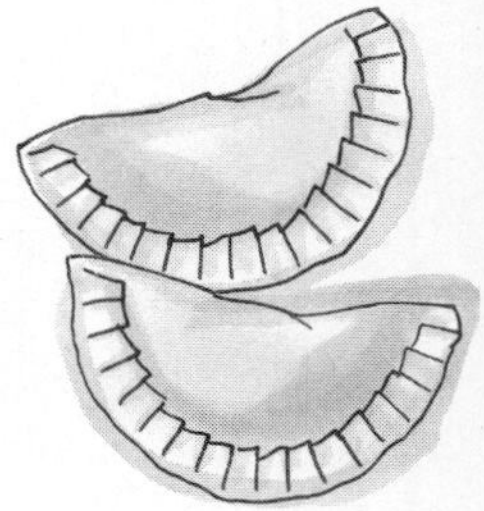

Für den Teig:
350 g Weizenmehl (Type 1050)
5 EL Sojamehl
1 TL Meersalz
3 EL Olivenöl
180 – 190 ml Wasser
1 EL Weizenmehl (Type 1050)
Weizenmehl für die Arbeitsfläche

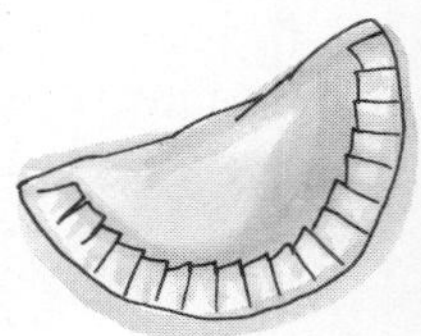

Für die Füllung:
1 kleine Stange Lauch
2 kleine Stangen Staudensellerie
2 – 3 EL Olivenöl
400 g braune Champignons
2 EL Sojasauce
1 EL Sherry-Essig
4 EL Walnusskerne
4 EL geröstetes Kichererbsenmehl
3 EL fein gehackte glatte Petersilie
1 EL fein gehackter Majoran
1 TL fein gehackter Thymian
Meersalz, frisch gemahlener schwarzer Pfeffer

Für das Tomatenconfit:
3 Frühlingszwiebeln
1 Knoblauchzehe
2 EL Olivenöl
350 g Mini-Romatomaten
1 EL roter Balsamessig
2 – 3 EL fein gehacktes Basilikum
Meersalz, frisch gemahlener schwarzer Pfeffer

4 l Wasser
1 – 2 TL Meersalz
5 EL grob gehackte Pinienkerne

- Den **Teig** wie für die klassische Pasta beschrieben (siehe Seite 39) zubereiten, 30 Minuten im Kühlschrank ruhen lassen und anschließend zu drei etwa 2 Millimeter dünnen Teigbahnen ausrollen.
- Für die **Füllung** den Lauch und Staudensellerie in Scheiben schneiden und im heißen Olivenöl anschwitzen.
- Champignons in Scheiben schneiden und ebenfalls in den Topf geben.
- Alles so lange schmoren, bis das Gemüse weich ist.
- Die Sojasauce und den Sherry-Essig unterrühren und nochmals 1 – 2 Minuten schmoren.
- Walnusskerne und Kichererbsenmehl hinzufügen. Den Topf vom Herd nehmen und alles mit dem Pürierstab zu einer glatten Creme pürieren.
- Die Kräuter unterrühren und die Füllung herzhaft mit Salz und Pfeffer abschmecken. Vor der Weiterverwendung etwas abkühlen lassen.
- Den Teig mit einem Wasserglas oder einem Teigtaschenformer zu Kreisen von etwa 8 – 9 Zentimeter Durchmesser ausstechen.
- Auf jeden Teigkreis mittig einen gehäuften Teelöffel Füllung setzen. Nun die Teigkreise zu Halbmonden zusammenklappen und die Ränder gut andrücken oder die Teigkreise mit dem Teigtaschenformer zusammenpressen.
- Die fertigen Teigtaschen 15 Minuten ruhen lassen.
- Inzwischen für das **Tomatenconfit** die Frühlingszwiebeln in feine Scheiben schneiden, den Knoblauch schälen und fein hacken. Beides im heißen Olivenöl anschwitzen.
- Die Tomaten vierteln und zu den Frühlingszwiebeln in die Pfanne geben. So lange bei knapp mittlerer Temperatur schmoren, bis die Tomaten beginnen, auseinanderzufallen.
- Den Balsamessig und das Basilikum unterrühren und mit Salz und Pfeffer abschmecken.
- Das Wasser mit dem Salz zum Kochen bringen und die Ravioli darin in 8 – 10 Minuten bissfest garen.
- Die Pilzravioli portionsweise auf Tellern anrichten. Mit dem Tomatenconfit sowie mit den Pinienkernen überstreut servieren.

Spinatlasagne mit Cashewcreme

Für den Teig:
200 g Weizenmehl (Type 1050)
75 g Weizenvollkornmehl
75 g Hartweizengrieß
1 TL Meersalz
3 EL Olivenöl
etwa 160 ml Wasser
1 EL Weizenmehl (Type 1050)
Weizenmehl für die Arbeitsfläche

Für die Spinatsauce:
3 Frühlingszwiebeln
2 – 3 Knoblauchzehen
2 – 3 EL Olivenöl
600 g frischer Blattspinat
3 MSP gemahlene Muskatnuss
3 EL Weizenmehl (Type 1050)
1 EL fein gehackter Thymian
¼ l Soja-, Reis- oder Haferdrink
5 EL Soja- oder Hafersahne
Meersalz
frisch gemahlener weißer Pfeffer

Für die Tomatensauce:
400 g geschälte Tomaten in Stücken
1 EL Olivenöl
4 EL fein gehacktes Basilikum
½ TL Meersalz
2 – 3 MSP frisch gemahlener schwarzer Pfeffer

Für die Cashewcreme:
80 g geröstete und gesalzene Cashewnüsse
¼ l heißer Soja-, Reis- oder Haferdrink
1 EL weißes Sesammus (Tahin)
1 EL Zitronensaft
1 ½ TL Johannisbrotkernmehl
Meersalz
frisch gemahlener weißer Pfeffer

Olivenöl für die Form
3 – 4 EL Semmelbrösel
1 TL mildes Paprikapulver

- Den **Teig** wie für die klassische Pasta beschrieben (siehe Seite 39) zubereiten, 30 Minuten im Kühlschrank ruhen lassen und anschließend zu drei etwa 2 Millimeter dünnen Teigbahnen ausrollen.
- Die Teigbahnen in der Größe der gewählten Auflaufform zurechtschneiden.
- Für die **Spinatsauce** die Frühlingszwiebeln in feine Scheiben schneiden. Den Knoblauch schälen, fein hacken und beides im heißen Olivenöl anschwitzen.
- Den Spinat mittelfein hacken und zusammen mit der gemahlenen Muskatnuss in den Topf zu den Frühlingszwiebeln geben. So lange dünsten, bis der Blattspinat in sich zusammenfällt.
- Das Weizenmehl und den Thymian unterrühren.
- Den Sojadrink hinzufügen und die Sauce so lange bei hoher Temperatur kochen, bis sie anfängt einzudicken.
- Den Topf vom Herd nehmen und die Sojasahne unterrühren. Herzhaft mit Salz und Pfeffer abschmecken.
- Für die **Tomatensauce** die geschälten Tomaten in einen Durchschlag geben und abtropfen lassen. Die Tomaten mit fünf Esslöffel abgetropftem Tomatensaft, dem Olivenöl und Basilikum verrühren. Mit Salz und Pfeffer würzen.
- Für die **Cashewcreme** die Cashewnüsse mit dem heißen Sojadrink übergießen und etwa 60 Minuten darin quellen lassen. Mit dem Pürierstab zu einer glatten Creme pürieren.

- Sesammus, Zitronensaft und Johannisbrotkernmehl dazugeben und nochmals kurz pürieren. Mit Salz und Pfeffer abschmecken.
- Die Hälfte der Spinatsauce in eine gut gefettete Auflaufform geben und glatt streichen. Mit einer Schicht ausgerolltem Lasagneteig bedecken.
- Den Teig mit der Tomatensauce bestreichen. Eine weitere Schicht ausgerollten Lasagneteig darauf geben.
- Die verbliebene Spinatsauce darauf streichen. Mit einer weiteren Schicht ausgerolltem Lasagneteig bedecken.
- Die Cashewcreme darauf verteilen und die Lasagne mit den Semmelbröseln sowie dem Paprikapulver überstreuen.
- Die Spinatlasagne im Backofen bei 200 °C 40 – 45 Minuten backen.

Tipp! Da die Cashewnüsse 60 Minuten im heißen Sojadrink quellen sollen, empfiehlt es sich, bei der Zubereitung der Lasagne damit zu beginnen.

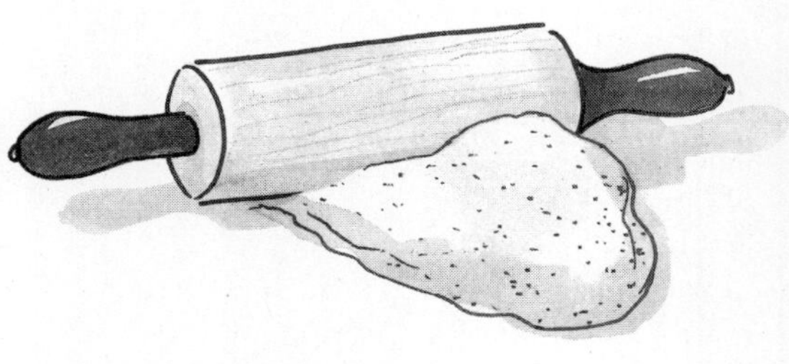

Türkische Manti mit Joghurtsauce und Chili-Öl

für etwa 40 Manti

Für den Teig:
350 g Weizenmehl (Type 1050)
5 EL geröstetes Kichererbsenmehl
1 TL Meersalz
1 TL gemahlene Kurkuma
3 EL Olivenöl
etwa 200 ml Wasser
1 EL Weizenmehl (Type 1050)
Weizenmehl für die Arbeitsfläche

Für die Füllung:
1 große Zwiebel
2 Knoblauchzehen
4 EL Olivenöl
250 g gekochte Kichererbsen
3 EL geröstetes Kichererbsenmehl
3 EL Tomatenmark
3 – 4 EL fein gehackte glatte Petersilie
1 ½ EL weißes Sesammus (Tahin)
1 EL Weißweinessig
1 TL mildes Paprikapulver
⅓ TL scharfes Paprikapulver
3 – 4 MSP gemahlener Kreuzkümmel
3 – 4 MSP gemahlener Koriander
Meersalz

Für die Joghurtsauce:
300 g Sojajoghurt
2 EL Olivenöl
2 – 3 Spritzer Zitronensaft
1 – 2 Knoblauchzehen (nach Belieben auch mehr)
2 EL fein gehackte Minze
Meersalz
frisch gemahlener schwarzer Pfeffer

Für das Chili-Öl:
1 getrocknete Chilischote
70 – 80 ml Olivenöl
½ TL mildes Paprikapulver

4 l Wasser
1 – 2 TL Meersalz

- Den **Teig** wie für die klassische Pasta beschrieben (siehe Seite 39) zubereiten, 30 Minuten im Kühlschrank ruhen lassen und anschließend zu drei etwa 2 Millimeter dünnen Teigbahnen ausrollen.
- Für die **Füllung** die Zwiebel und den Knoblauch schälen, fein hacken und in zwei Esslöffel heißem Olivenöl anschwitzen.
- Die Kichererbsen mit zwei Esslöffel Olivenöl vermischen und mit einem Kartoffelstampfer oder mit einer Gabel zermusen.
- Angeschwitzte Zwiebel und Knoblauch sowie die anderen Zutaten für die Füllung zu den Kichererbsen geben und alles gut vermischen.
- Die Füllung herzhaft mit Salz abschmecken.
- Aus dem Teig mit einem umgedrehten Wasserglas oder einem Teigtaschenformer Kreise von etwa 8 Zentimeter Durchmesser ausstechen.
- Auf jeden Teigkreis mittig einen gehäuften Teelöffel von der Füllung setzen. Die Teigkreise zu Halbmonden zusammenklappen und die Ränder gut andrücken oder die Teigkreise mit dem Teigtaschenformer zusammenpressen.
- Die fertigen Teigtaschen 15 Minuten ruhen lassen.

- In der Zwischenzeit für die **Joghurtsauce** den Sojajoghurt mit dem Olivenöl, Zitronensaft und den durchgepressten Knoblauchzehen verrühren.
- Die Minze unterziehen und die Joghurtsauce mit Salz und Pfeffer abschmecken.
- Für das **Chili-Öl** die getrocknete Chilischote mit den Zinken einer Gabel fein zerkrümeln.
- Zusammen mit dem Olivenöl und Paprikapulver in einen kleinen Topf geben und vorsichtig erhitzen. (Darauf achten, dass das Öl nicht zu heiß wird und zu rauchen beginnt.)
- Das Wasser mit dem Salz zum Kochen bringen und die Teigtaschen darin in etwa 10 Minuten bissfest garen.
- Die Teigtaschen mit einem Schaumlöffel aus dem Kochwasser entnehmen und mit der Joghurtsauce sowie dem Chili-Öl überträufelt servieren.

Wan-Tans (Chinesische Teigtaschen)

für etwa 36 Wan-Tans, 4 – 6 Portionen

Für den Teig:
350 g Weizenmehl (Type 1050)
4 EL Sojamehl
1 – 2 TL Meersalz
200 – 210 ml Wasser
1 EL Weizenmehl (Type 1050)
Weizenmehl für die Arbeitsfläche

Für die Füllung:
2 Frühlingszwiebeln
1 walnussgroßes Stück Ingwer
2 EL Erdnuss- oder Sojaöl
1 rote Paprikaschote
1 Karotte
220 g Ananasstücke
3 EL Erdnusscreme
2 EL süße thailändische Chilisauce
3 EL fein gehacktes Koriandergrün
ersatzweise glatte Petersilie
2 EL Weizenmehl (Type 1050)
Meersalz

Für den Dip:
3 Frühlingszwiebeln
4 EL Sesamöl
6 – 7 EL Sojasauce
1 EL Ketjap Manis (süße indonesische Sojasauce)
3 – 4 EL Sake (Reiswein)
ersatzweise trockener Sherry oder ungesüßter Apfelsaft
frisch gemahlene Chiliflocken

1 – 2 EL Erdnuss- oder Sojaöl

- Für den **Teig** die trockenen Zutaten in einer Schüssel vermischen.
- Das Wasser in kleinen Portionen hinzufügen und alles zu einem glatten Teig verkneten.
- Den Teig zur Kugel formen, mit dem Mehl überstäuben und abgedeckt 30 Minuten im Kühlschrank ruhen lassen.
- Den Teig in drei Portionen schneiden. Die Teigportionen jeweils zu einer etwa 2 Millimeter dünnen Teigbahn ausrollen.
- Für die **Füllung** die Frühlingszwiebeln in Scheiben schneiden, den Ingwer grob hacken. Beides im heißen Erdnuss- oder Sojaöl anschwitzen.
- Die entkernte Paprika und die Karotte würfeln. Zu den Frühlingszwiebeln in die Pfanne geben und ebenfalls kurz anschwitzen.
- Die Ananasstücke, die Erdnusscreme und süße Chilisauce hinzufügen und alles gut 5 Minuten schmoren. Die Masse in ein hochwandiges Rührgefäß umfüllen und mit dem Pürierstab pürieren.
- Das Koriandergrün sowie Weizenmehl unterrühren und die Füllung mit Salz abschmecken.
- Den Teig mit einem umgedrehten Wasserglas oder einem Teigtaschenformer zu Kreisen von etwa 8 Zentimeter Durchmesser ausstechen.
- Auf jeden Teigkreis mittig einen gehäuften Teelöffel von der Füllung setzen. Nun entweder die Teigkreise zu Halbmonden zusammenklappen und die Ränder mit den Zinken einer Gabel gut andrücken oder die Teigkreise mit dem Teigtaschenformer zusammenpressen.
- Die fertigen Teigtaschen 15 Minuten ruhen lassen.
- Für den **Dip** die Frühlingszwiebeln in sehr feine Scheiben schneiden und mit den anderen Zutaten verrühren. Mit etwas Chiliflocken abschmecken.
- Die Teigtaschen auf zwei mit Backpapier ausgelegte Backbleche legen und mit dem Erdnussöl bestreichen.
- Im Backofen bei 220 °C 12 – 15 Minuten backen, bis die Teigtaschen leicht gebräunt sind. Noch heiß mit dem Dip servieren.

Nudeln aus Ofen und Pfanne

Frisch gekochte Nudeln sind lecker. Man kann jedoch noch viel mehr damit anstellen, als sie nur mit Sauce zu vermischen. Auch für die Weiterverarbeitung in der Pfanne oder im Backofen sind Nudeln prima geeignet. Dort bekommen sie in Kombination mit ausgewählten Zutaten aus aller Herren Länder einen ganz anderen »Biss«.

Bami Goreng (Indonesische Nudelpfanne)

400 g Mie-Nudeln
1 ¼ l Wasser
3 Frühlingszwiebeln
1 – 2 Knoblauchzehen
4 EL Erdnuss- oder Sojaöl
1 große Karotte
350 g Pak Choi
200 g Zuckerschoten
150 g Mungbohnen- oder Sojabohnensprossen
5 EL Ketjap Manis (süße indonesische Sojasauce)
1 – 2 TL Sambal Oelek (scharfe indonesische Chilipaste)
4 EL fein gehacktes Koriandergrün
Meersalz (nach Belieben)

- Die Mie-Nudeln in das kochende Wasser geben und in etwa 5 Minuten bissfest garen. In einen Durchschlag geben, kurz mit kaltem Wasser abspülen und gut abtropfen lassen.
- Die Frühlingszwiebeln in feine Scheiben schneiden, den Knoblauch schälen, fein hacken und beides in zwei Esslöffel heißem Erdnussöl in einem Wok oder einer hochwandigen Pfanne anschwitzen.
- Die Karotte schälen und fein würfeln, den Pak Choi in feine Streifen schneiden. Zuerst die Karotte, dann den Pak Choi in den Wok geben und jeweils 1 – 2 Minuten anschwitzen.
- Die Zuckerschoten hinzufügen und ebenfalls kurz anschwitzen.
- Die Mungbohnensprossen dazugeben und alles noch einmal kurz schmoren.
- Dann das Gemüse aus dem Wok nehmen.
- Die verbliebenen zwei Esslöffel Erdnussöl im Wok erhitzen und die Nudeln darin braten.
- Das Gemüse hinzufügen und so lange braten, bis alles gründlich erhitzt ist.
- Ketjap Manis, Sambal Oelek und das Koriandergrün unterrühren.
- Das Bami Goreng eventuell mit etwas Salz abschmecken.

Champignonpizza mit Pasta

Für den Teig:
400 g Weizenmehl (Type 1050)
100 g Weizenvollkornmehl
1 Päckchen Trockenhefe
1 TL Meersalz
2 EL Olivenöl
etwa ¼ l lauwarmes Wasser

Für die Tomatensauce:
400 g geschälte Tomaten in Stücken
3 EL Tomatenmark
2 EL Olivenöl
1 EL roter Balsamessig
1 – 2 durchgepresste Knoblauchzehen
2 EL fein gehackter Oregano
1 EL fein gehackter Thymian
1 TL fein gehackter Rosmarin
1 TL Meersalz
2 – 3 MSP frisch gemahlener schwarzer Pfeffer

Für den Belag:
1 große rote Zwiebel
250 g Champignons
150 g gekochte Pasta (zum Beispiel Gabelspaghetti oder Penne Rigate)

Für die Würzsauce:
150 ml Soja- oder Hafersahne
4 EL Hefeflocken
3 EL geröstetes Kichererbsenmehl
3 EL fein gehacktes Basilikum
2 TL mildes Paprikapulver
1 TL weißes Sesammus (Tahin)
1 TL Meersalz

- Für den **Teig** die trockenen Zutaten miteinander vermischen.
- In der Mitte des Mehls eine Mulde ausformen und das Olivenöl sowie das Wasser hineingeben.
- Von der Mitte her alles zu einem glatten Teig verkneten. Den Teig abgedeckt an einem warmen Ort 30 Minuten gehen lassen.
- Danach die Teigmenge halbieren und zwei mit Backpapier ausgelegte, runde Pizzabackformen mit dem Teig auskleiden.
- Den Teig vor dem Belegen nochmals 10 Minuten gehen lassen.
- Für die **Tomatensauce** die geschälten Tomaten in einen Durchschlag geben und abtropfen lassen. Den Tomatensaft anderweitig verwenden.
- Die abgetropften Tomaten mit den anderen Zutaten für die Tomatensauce verrühren.
- Für den **Belag** die Zwiebel schälen, fein hacken und die Champignons in Scheiben schneiden.
- Die Tomatensauce auf dem Pizzateig verstreichen.
- Die Pizzas mit der Zwiebel, Pasta und den Champignons belegen.
- Für die **Würzsauce** die Sojasahne mit den restlichen Zutaten verrühren und abschmecken.
- Die Würzsauce über die belegten Pizzas träufeln.
- Die Pizzas im Backofen bei 220 °C 20 – 25 Minuten backen.

Tipp! Diese ungewöhnliche Pizza ist sowohl bei Kindern als auch bei allen Italienfans sehr beliebt.
Um die beiden Pizzas gleichmäßig auszubacken, empfiehlt es sich auch bei Umluft, nach etwa der Hälfte der Backzeit die Pizzabackformen zu tauschen, das heißt die untere Form an die obere Position zu versetzen.

Cremiger Nudelauflauf mit Brokkoli

4 l Wasser
1 – 2 TL Meersalz
500 g kurze Makkaroni oder andere kurze Pasta nach Wahl
1 Zwiebel
1 – 2 Knoblauchzehen
2 – 3 EL Olivenöl
400 g Brokkoliröschen
Meersalz
frisch gemahlener weißer Pfeffer

Für die Cremesauce:
300 ml Soja-, Reis- oder Haferdrink
150 ml Soja- oder Hafersahne
5 EL geröstetes Kichererbsenmehl
4 EL Hefeflocken
2 EL mittelscharfer Senf
2 EL weißer Balsamessig
1 ½ EL weißes Sesammus (Tahin)
1 – 2 TL Meersalz
1 – 2 TL gemahlene Kurkuma
1 TL mildes Paprikapulver
4 – 5 MSP frisch gemahlener weißer Pfeffer
2 EL fein gehackte krause Petersilie
2 EL fein gehackter Schnittlauch

Olivenöl für die Form
4 EL Semmelbrösel

- Das Wasser mit dem Salz zum Kochen bringen und die Makkaroni darin in etwa 6 – 7 Minuten bissfest garen.
- Die Makkaroni in einen Durchschlag geben und gut abtropfen lassen. Danach zurück in den Topf füllen und mit aufgelegtem Deckel warm halten.

- Die Zwiebel und den Knoblauch schälen, fein hacken und im heißen Olivenöl anschwitzen.
- Die Brokkoliröschen, falls erforderlich, mundgerecht zerkleinern, hinzufügen und ebenfalls anschwitzen.
- Mit Salz und Pfeffer würzen.
- Für die **Cremesauce** alle Zutaten bis auf die Kräuter in ein hochwandiges Rührgefäß geben und mit dem Pürierstab kurz pürieren.
- Die fein gehackten Kräuter unterziehen.
- Die Makkaroni, Brokkolizubereitung und Cremesauce miteinander vermischen. In eine gut gefettete große Auflaufform geben, glatt streichen und mit den Semmelbröseln überstreuen.
- Den Nudelauflauf in den kalten Backofen geben, die Temperatur auf 200 °C einstellen und den Auflauf etwa 50 Minuten backen, bis die Oberfläche schön gebräunt ist.

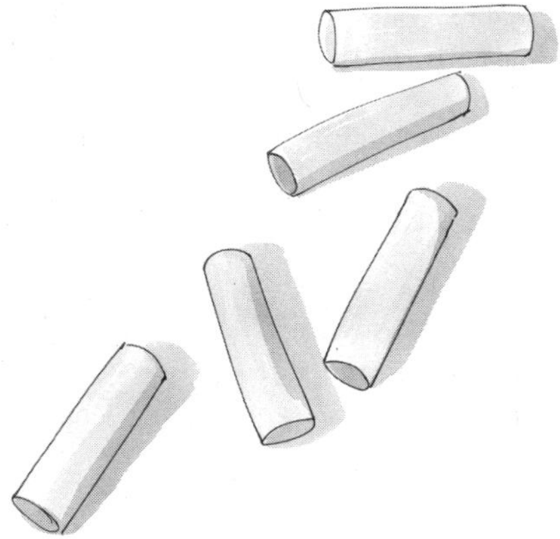

Griechischer Nudelauflauf

2 ½ l Wasser
1 – 2 TL Meersalz
500 g Kritharaki-Nudeln
1 große rote Zwiebel
2 – 3 Knoblauchzehen
2 – 3 EL Olivenöl
1 große rote Paprikaschote
1 Aubergine
400 g geschälte Tomaten in Stücken
8 – 9 mild eingelegte grüne Pfefferschoten
2 EL Weißweinessig
3 EL fein gehackter Oregano
2 EL fein gehackte glatte Petersilie
1 EL fein gehackte Minze
2 – 3 TL Meersalz
1 TL mildes Paprikapulver
3 MSP scharfes Paprikapulver
Olivenöl für die Form
4 EL Semmelbrösel
2 – 3 EL Hefeflocken

- Das Wasser mit dem Salz zum Kochen bringen und die Kritharaki-Nudeln darin in etwa 12 Minuten bissfest garen.
- Die Kritharaki-Nudeln in einen Durchschlag geben und abtropfen lassen.
- Die Zwiebel und den Knoblauch schälen, fein hacken und im heißen Olivenöl anschwitzen.
- Die entkernte Paprika sowie die Aubergine fein würfeln. Zuerst die Paprika zur Zwiebel in die Pfanne geben und etwa 2 Minuten braten. Die Aubergine hinzufügen und so lange schmoren, bis sie weich ist.
- Mit den geschälten Tomaten ablöschen und vier in feine Streifen geschnittene Pfefferschoten dazugeben.

- Den Weißweinessig, die gehackten Kräuter, das Salz und Paprikapulver unterrühren.
- Die Nudeln mit der Sauce vermischen und in eine gut gefettete Auflaufform geben.
- Die Semmelbrösel mit den Hefeflocken verrühren und den Auflauf damit überstreuen.
- Den Auflauf bei 200 °C im Backofen etwa 40 Minuten backen. Dabei nach 30 Minuten die verbliebenen Pfefferschoten auf den Auflauf legen und mit backen.

Ofen-Schupfnudeln mit Apfelsauerkraut

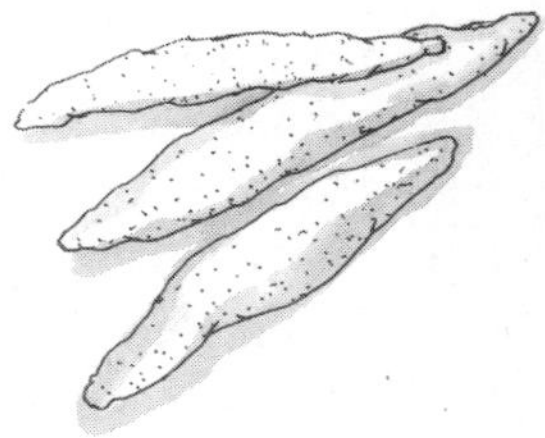

Für die Ofen-Schupfnudeln:
1,3 kg mehlig kochende Kartoffeln
1 ½ l Wasser
1 ½ TL Meersalz
100 g Dinkelmehl (Type 630)
50 g Hartweizengrieß
1 TL Backpulver
2 – 3 MSP gemahlene Muskatnuss
2 – 3 MSP frisch gemahlener weißer Pfeffer
3 ½ EL Rapsöl

Für das Apfelsauerkraut:
1 große Zwiebel
2 EL Rapsöl
1 großer Apfel
2 EL Roh-Rohrzucker
1 ½ TL Meersalz
100 ml Apfelsaft
500 g abgetropftes Weinsauerkraut
2 Lorbeerblätter
2 EL fein gehackter Thymian
1 – 2 MSP Kümmelsamen
frisch gemahlener weißer Pfeffer

- Für die **Ofen-Schupfnudeln** die Kartoffeln als Pellkartoffeln im kochenden Wasser weich kochen.
- Das Kochwasser abgießen, die Kartoffeln kurz ausdampfen lassen und pellen. Danach sofort durch eine Kartoffelpresse drücken, das Salz unterrühren und den Kartoffelbrei vor der Weiterverarbeitung etwas abkühlen lassen.
- Das Dinkelmehl mit dem Hartweizengrieß, Backpulver, der gemahlenen Muskatnuss und dem Pfeffer vermischen.
- Die Mischung zum Kartoffelbrei geben.

- Zwei Esslöffel Rapsöl hinzufügen und alles zu einem glatten Teig verkneten.
- Mit einem Esslöffel gut walnussgroße Stücke vom Teig abstechen und diese zwischen den Händen zuerst zu Kugeln, dann zu etwa fingerdicken Röllchen formen.
- Die fertigen Schupfnudeln auf ein mit Backpapier ausgelegtes Backblech legen.
- Von beiden Seiten mit dem restlichen Rapsöl bepinseln.
- Die Schupfnudeln im Backofen bei 200 °C etwa 35 Minuten backen, bis sie leicht gebräunt sind.
- Für das **Apfelsauerkraut** die Zwiebel schälen, fein hacken und im heißen Rapsöl anschwitzen.
- Den Apfel vierteln, schälen, entkernen und fein würfeln.
- Zur Zwiebel in den Topf geben und ebenfalls kurz anschwitzen.
- Den Zucker, das Salz und den Apfelsaft unter Rühren hinzufügen. So lange rühren, bis sich der Zucker und das Salz aufgelöst haben.
- Das Sauerkraut, die Lorbeerblätter, den Thymian und die Kümmelsamen unterrühren.
- Unter gelegentlichem Rühren 25 – 30 Minuten schmoren.
- Die Lorbeerblätter entfernen und das Sauerkraut mit etwas Pfeffer abschmecken.
- Zusammen mit den Ofen-Schupfnudeln servieren.

Tipp! Das Sauerkraut schmeckt besonders köstlich, wenn der Apfel im Laufe der Garzeit komplett zerfällt. Daher lässt sich diese Beilage auch sehr gut vorkochen und am nächsten Tag noch einmal aufwärmen.

Pizzoccheri

1 Grundrezept Buchweizennudeln aus Graubünden (siehe Seite 35)

1 Zwiebel
2 Knoblauchzehen
3 – 4 EL Olivenöl
1 große Stange Lauch
600 g in Streifen geschnittenes Weißkraut
1 – 2 MSP Kümmelsamen
2 – 3 MSP gemahlene Muskatnuss
3 EL Weißweinessig
3 EL Hefeflocken
1 EL Roh-Rohrzucker
1 EL weißes Sesammus (Tahin)
½ Bund krause Petersilie
Meersalz
frisch gemahlener schwarzer Pfeffer

Für das Salbeiöl:
5 – 6 EL Olivenöl
4 Blätter Salbei

- Die Zwiebel und den Knoblauch schälen, fein hacken und im heißen Olivenöl in einem großen Schmortopf anschwitzen.
- Den Lauch in feine Scheiben schneiden und zur Zwiebel in den Topf geben. Kurz anschwitzen, dann das Weißkraut, die Kümmelsamen und gemahlene Muskatnuss hinzufügen.
- Den Weißweinessig, die Hefeflocken, den Zucker und das Sesammus unterrühren.
- Das Weißkrautgemüse unter gelegentlichem Rühren 20 – 25 Minuten schmoren.
- Die fertig gekochten und abgetropften Buchweizennudeln hinzufügen und nochmals 3 – 4 Minuten schmoren, bis alles gründlich erhitzt ist.

- In der Zwischenzeit die Petersilie kurz abbrausen, trockentupfen und fein hacken. Die Petersilie unterrühren und die Pizzoccheri herzhaft mit Salz und Pfeffer abschmecken.
- Für das **Salbeiöl** das Olivenöl in einer kleinen Pfanne erhitzen und die Salbeiblätter darin knusprig braten. Die Salbeiblätter entfernen und das aromatisierte Öl über die Pizzocheri träufeln.

Tipp! Pizzoccheri sind eine aus Buchweizenmehl und Weizenmehl hergestellte Nudelart, die ursprünglich aus dem Graubündener Puschlav oder lombardischen Veltin stammt.
Sie werden vorzugsweise in Kombination mit Wirsing, Weißkraut oder auch Spinat sowie Kartoffeln serviert.

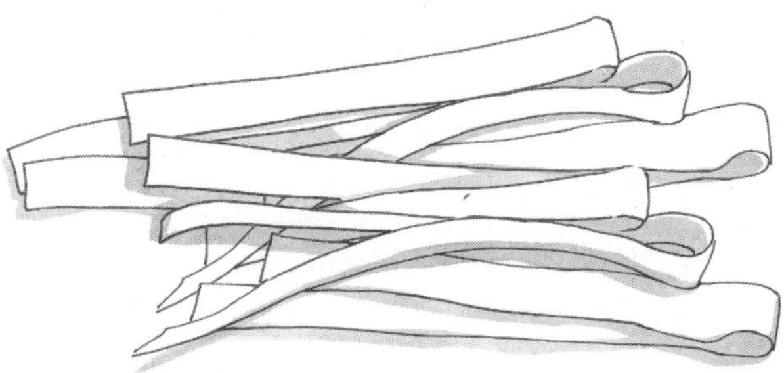

Scharfe Tofupfanne aus Thailand

Für den marinierten Tofu:
300 g Tofu (natur)
3 EL Sojasauce
2 EL Ketjap Manis (süße indonesische Sojasauce)
2 EL Rotweinessig
2 EL süße thailändische Chilisauce

1 ½ l Wasser
150 g Mie-Nudeln
2 Frühlingszwiebeln
1 – 2 Knoblauchzehen
5 – 6 EL Erdnuss- oder Sojaöl
1 große Karotte
250 g Brokkoliröschen
250 g Champignons
200 g Zuckerschoten
150 g Bambus in Scheiben (aus Dose oder Glas)
½ Bund glatte Petersilie
2 – 3 EL süße thailändische Chilisauce
2 – 3 EL Sojasauce

- Für den **marinierten Tofu** den Tofu kurz abbrausen, in Küchenkrepp einschlagen und das überschüssige Wasser vorsichtig auspressen. Den Tofu in mundgerechte Würfel schneiden.
- Die restlichen Zutaten zu einer Marinade verrühren. Die Tofuwürfel hinzugeben und vorsichtig wenden, sodass sie von allen Seiten mit der Marinade überzogen sind. Die Tofuwürfel 2 – 3 Stunden in der Marinade ziehen lassen, dabei gelegentlich vorsichtig wenden.
- Das Wasser zum Kochen bringen und die Mie-Nudeln darin in etwa 5 Minuten bissfest garen. Die Mie-Nudeln in einen Durchschlag geben, kurz abbrausen und gut abtropfen lassen.
- Die Frühlingszwiebeln in feine Scheiben schneiden, den Knoblauch schälen und fein hacken.

- Beides in einem Wok oder einer großen, hochwandigen Pfanne in ein bis zwei Esslöffel Erdnussöl anschwitzen. Die Frühlingszwiebeln und den Knoblauch aus dem Wok nehmen.
- Weitere zwei Esslöffel Erdnussöl im Wok heiß werden lassen. Die Tofuwürfel vorsichtig aus der Marinade nehmen und von allen Seiten im heißen Öl knusprig braten. Die Tofuwürfel danach aus dem Wok nehmen.
- Die Karotte schälen, der Länge nach halbieren und in Halbmonde schneiden.
- Die Brokkoliröschen mundgerecht zerkleinern. Die Champignons in Scheiben schneiden.
- Zwei weitere Esslöffel Erdnussöl erhitzen und das Gemüse in der Reihenfolge Karotte, Brokkoli, Champignons, Zuckerschoten in den Wok geben. Jeweils kurz anschwitzen, dann die nächste Gemüsesorte hinzufügen.
- Die Frühlingszwiebeln und den Knoblauch dazugeben und das Gemüse unter ständigem Rühren bissfest garen.
- Die Tofuwürfel, Mie-Nudeln und den Bambus dazugeben und miterhitzen.
- Die Petersilie kurz abbrausen, trockentupfen und fein hacken. Zusammen mit der Chilisauce und Sojasauce in den Wok geben.
- Alles noch einmal kurz erhitzen und die Tofupfanne servieren.

Spaghettinester in Backpapierpäckchen

3 ½ l Wasser
1 – 2 TL Meersalz
400 g Spaghetti
1 Zwiebel
1 – 2 Knoblauchzehen
6 EL Olivenöl
2 mittelgroße Zucchini
12 in Öl eingelegte, getrocknete Tomaten
2 EL eingelegte Kapern
140 g Tomatenmark
1 ½ EL roter Balsamessig
3 MSP Roh-Rohrzucker
5 EL Soja- oder Hafersahne
2 EL fein gehackter Majoran
1 EL fein gehackter Oregano
1 TL fein gehackter Thymian
Meersalz
frisch gemahlener schwarzer Pfeffer
Küchengarn

- Das Wasser mit dem Salz zum Kochen bringen und die Spaghetti darin in 8 – 10 Minuten bissfest garen. Die Spaghetti in einen Durchschlag geben und gut abtropfen lassen.
- Die Zwiebel und den Knoblauch schälen, fein hacken und in zwei Esslöffel heißem Olivenöl anschwitzen.
- Die Zucchini fein würfeln und zur Zwiebel in die Pfanne geben. Kurz anbraten, dann die in Streifen geschnittenen getrockneten Tomaten sowie die fein gehackten Kapern hinzufügen und alles so lange schmoren, bis die Zucchiniwürfel weich sind.
- Das Tomatenmark, den Balsamessig, den Zucker, die Sojasahne und Kräuter unterrühren und nochmals 3 – 4 Minuten schmoren. Herzhaft mit Salz und Pfeffer abschmecken.
- Die Spaghetti auf vier große Blätter Backpapier verteilen.

- Die Sauce darüber verteilen und jede Portion mit einem Esslöffel Olivenöl überträufeln.
- Das Backpapier hochschlagen und mit hitzebeständigem Küchengarn zu Päckchen zusammenbinden.
- Die Backpapierpäckchen bei 200 °C im Backofen 15 – 18 Minuten backen.
- Zum Servieren das Küchengarn aufschneiden und die Päckchen vorsichtig aus dem Backpapier auf den Teller gleiten lassen.

Tipp! Ein raffiniertes Nudelgericht, mit dem Sie auch Gäste verwöhnen können.

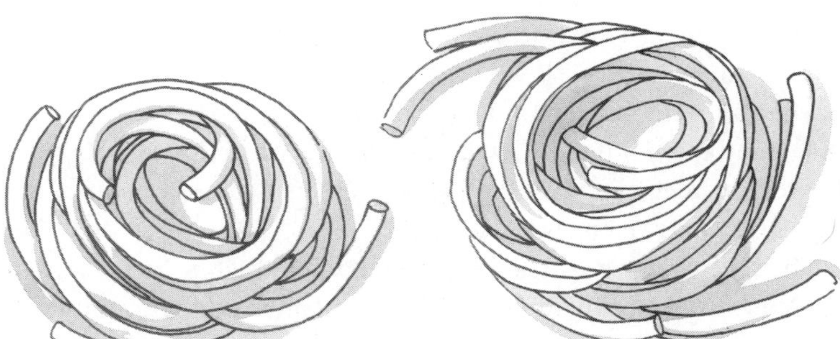

Valencianische Nudel-Paella

4 große rote Paprikaschoten
4 – 6 Knoblauchzehen
2 Zwiebeln
2 Gewürznelken
4 EL Olivenöl
500 g Gabelspaghetti
400 g geschälte Tomaten in Stücken
½ l Wasser
2 Tomaten
1 – 2 EL Rotweinessig
1 EL fein gehackter Thymian
2 TL mildes Paprikapulver
4 EL fein gehackte glatte Petersilie
Meersalz
frisch gemahlener schwarzer Pfeffer

- Die Paprika vierteln, entkernen und zusammen mit den ungeschälten Knoblauchzehen bei 200 °C im Backofen etwa 30 Minuten garen, bis die Oberfläche der Paprika leicht gebräunt ist und die Haut Blasen wirft.
- Die Knoblauchzehen schon nach etwa 15 Minuten (oder sobald sie weich sind) aus dem Backofen nehmen.
- Die Paprikaviertel mit einem feuchten Geschirrtuch abdecken und etwas abkühlen lassen. Danach die Paprika enthäuten und würfeln.
- Das weiche Fruchtfleisch des Knoblauchs aus der Schale kratzen oder pressen.
- Die Zwiebeln schälen und fein hacken.
- Die Zwiebeln mit den Gewürznelken in zwei Esslöffel Olivenöl in einer großen, hochwandigen Pfanne oder einem Wok anschwitzen. Danach die Gewürznelken entfernen.
- Die restlichen zwei Esslöffel Olivenöl in die Pfanne geben und die Gabelspaghetti hinzufügen. Bei relativ hoher Temperatur und ständigem Rühren anbraten, bis die Gabelspaghetti glasig sind.

- Danach mit den geschälten Tomaten und dem Wasser ablöschen und die Temperatur reduzieren.
- Die Tomaten fein würfeln und zusammen mit den Paprikawürfeln sowie dem Knoblauch in die Pfanne geben.
- Den Rotweinessig, Thymian und das Paprikapulver hinzugeben und die Gabelspaghetti unter gelegentlichem Rühren in 15 – 20 Minuten bissfest garen.
- Die Petersilie unterrühren und die Nudel-Paella herzhaft mit Salz und Pfeffer abschmecken.

Nudeln als Dessert

Nudeln müssen nicht zwingend mit herzhaften Zutaten gepaart werden. Als Dessert verführen sie in Kombination mit Früchten, Schokolade, Nüssen und Karamell. Für alle großen und kleinen Süßschnäbel sind die im Folgenden aufgeführten Nudelvariationen vielleicht sogar die schönste Art, Nudeln zu genießen. Frei nach dem Motto: »Nudel gut, alles gut!«

Nudel-Himbeer-Trifle

2 l Wasser
200 g Mini-Farfalle oder Gobetti (kleine, gedrehte Nudeln)
350 g Himbeeren (frisch oder tiefgekühlt und aufgetaut)
5 EL fein gesiebter Puderzucker

Für die Kakaocreme:
5 EL Roh-Rohrzucker
4 EL ungesüßtes Kakaopulver
1 Päckchen Bourbonvanillezucker
3 ½ TL Johannisbrotkernmehl
600 ml Soja-, Reis- oder Haferdrink

3 – 4 EL Zartbitter-Raspelschokolade

- Das Wasser zum Kochen bringen und die Mini-Farfalle darin in etwa 6 Minuten bissfest garen. Die Mini-Farfalle in einen Durchschlag geben, mit kaltem Wasser abspülen, gut abtropfen und abkühlen lassen.
- Die Himbeeren vorsichtig mit dem Puderzucker vermischen und etwa 15 Minuten ziehen lassen.
- Für die **Kakaocreme** den Zucker mit dem Kakaopulver, dem Vanillezucker und Johannisbrotkernmehl vermischen. Mit 200 Milliliter Sojadrink anrühren.
- Den verbliebenen Sojadrink erhitzen und das angerührte Zucker-Kakao-Gemisch dazugeben.
- Unter ständigem Rühren zum Kochen bringen. Etwa 2 Minuten kochen, bis die Creme eindickt, dann den Topf vom Herd nehmen und die Kakaocreme etwas abkühlen lassen.
- Die Mini-Farfalle in eine Schüssel geben und glatt streichen.
- Die Himbeeren darübergeben.
- Die Kakaocreme darauf streichen und den Nudel-Trifle 3 – 4 Stunden oder auch über Nacht im Kühlschrank durchziehen lassen.
- Vor dem Servieren mit der Raspelschokolade überstreuen.

Apfellasagne

Für den Teig:
350 g Dinkelmehl (Type 630)
3 EL geröstetes Kichererbsenmehl
1 Päckchen Bourbonvanillezucker
½ TL gemahlener Zimt
1 MSP Meersalz
3 EL Sonnenblumenöl
etwa 200 ml Wasser
1 EL Dinkelmehl (Type 630)
Dinkelmehl für die Arbeitsfläche

Für das Apfelkompott:
5 Äpfel (etwa 900 g)
Saft einer halben, unbehandelten Zitrone
100 g Roh-Rohrzucker
1 ½ TL Johannisbrotkernmehl

Für die Kokoscreme:
570 ml Kokosmilch
4 EL Roh-Rohrzucker
½ Vanilleschote
4 EL (30 g) Speisestärke

Öl für die Auflaufform
4 EL Kokosraspel
4 EL Roh-Rohrzucker

- Für den **Teig** die trockenen Zutaten miteinander vermischen.
- In der Mitte des Mehls eine Mulde ausformen und das Sonnenblumenöl hineingeben. Mit einer Gabel von der Mitte her mit dem Mehlgemisch vermengen.
- Das Wasser in kleinen Portionen hinzufügen und alles zu einem glatten Teig verkneten.

- Den Teig zur Kugel formen, mit dem Dinkelmehl überstäuben, in Frischhaltefolie einschlagen und 30 Minuten im Kühlschrank ruhen lassen.
- Danach den Teig in drei Portionen schneiden. Die Teigportionen auf der gut bemehlten Arbeitsfläche mit dem Nudelholz oder mit Hilfe der Pastamaschine jeweils zu etwa 2 Millimeter dünnen Teigbahnen ausrollen.
- Die Teigbahnen etwa in der Größe der gewählten Auflaufform zurechtschneiden.
- Für das **Apfelkompott** die Äpfel vierteln, entkernen und mundgerecht würfeln.
- Zusammen mit dem Zitronensaft und Zucker in einen Topf geben und unter gelegentlichem Rühren so lange köcheln, bis die Äpfel zu zerfallen beginnen.
- Das Johannisbrotkernmehl unterrühren und den Topf vom Herd nehmen.
- Für die **Kokoscreme** die Kokosmilch zusammen mit dem Zucker und dem ausgekratzten Mark der Vanilleschote erhitzen.
- Sieben bis acht Esslöffel Kokosmilch entnehmen und die Speisestärke damit glatt rühren.
- Die Speisestärke zur Kokosmilch geben, gut unterrühren und die Kokosmilch unter ständigem Rühren zum Kochen bringen.
- So lange kochen, bis die Creme eindickt. Den Topf vom Herd nehmen.
- Zum Zusammensetzen der Apfellasagne wie folgt verfahren:
- Die Hälfte des Apfelkompotts in eine gut gefettete Auflaufform geben und glatt streichen. Das Kompott mit einer Schicht ausgerolltem Lasagneteig bedecken.
- Den Teig mit der Hälfte der Kokoscreme bestreichen. Eine weitere Schicht ausgerollten Lasagneteig darauf geben.
- Das verbliebene Apfelkompott darauf streichen. Mit einer weiteren Schicht ausgerolltem Lasagneteig bedecken.
- Die verbliebene Kokoscreme darübergeben.
- Die Kokosraspel mit dem Zucker vermischen und die Apfellasagne damit überstreuen.
- Die Apfellasagne im Backofen bei 200 °C etwa 40 Minuten backen und noch heiß oder auch abgekühlt servieren.

Mit Schokomandeln gefüllte Rohrnudeln

für 14 Rohrnudeln

Für den Teig:
1 Würfel frische Hefe (42 g)
1 EL Roh-Rohrzucker
50 ml lauwarmer Soja-, Reis- oder Haferdrink
300 g Dinkelmehl (Type 630)
200 g Dinkelvollkornmehl
100 g Roh-Rohrzucker
1 MSP Meersalz
80 g hochwertige Margarine
Schale einer halben, unbehandelten Zitrone
150 – 160 ml Soja-, Reis- oder Haferdrink
1 EL Dinkelmehl (Type 630)

Für die Füllung:
1 EL hochwertige Margarine
3 EL Roh-Rohrzucker
1 EL Wasser
5 EL gehackte Mandeln
2 EL ungesüßtes Kakaopulver
5 EL Soja-, Reis- oder Haferdrink
2 MSP gemahlener Zimt

Dinkelmehl für die Arbeitsfläche
Margarine oder Öl für die Form
150 ml Soja- oder Hafersahne
1 Päckchen Bourbonvanillezucker

- Für den **Teig** die Hefe mit den Zinken einer Gabel zerkrümeln und mit dem Zucker sowie dem lauwarmen Sojadrink verrühren.
- Die trockenen Zutaten miteinander in einer großen Schüssel vermischen. In der Mitte des Mehls eine Mulde ausformen und die flüssige Hefe hineingießen.

- Etwa drei Esslöffel vom Mehl zur Hefe geben und vorsichtig unterrühren. Den Vorteig 30 Minuten gehen lassen.
- Danach die Margarine zum Schmelzen bringen und mit der Zitronenschale und dem Sojadrink verrühren.
- Den Vorteig mit dem Mehlgemisch verrühren.
- Den Teig nun so lange kneten, bis er nicht mehr klebt. Dabei nach und nach den mit der Margarine verrührten Sojadrink hinzufügen.
- Den Teig zur Kugel formen, mit dem Dinkelmehl überstäuben und abgedeckt an einem warmen Ort 60 Minuten gehen lassen.
- Für die **Füllung** inzwischen die Margarine in einer kleinen Pfanne erhitzen. Zucker und Wasser hinzufügen und so lange unter Rühren erhitzen, bis der Zucker zu karamellisieren beginnt.
- Die Mandeln hinzufügen und unterrühren.
- Kakaopulver, Sojadrink und Zimt hinzufügen. Kurz unter Rühren köcheln lassen, bis sich der Kakao mit den anderen Zutaten vermischt hat. Die Pfanne vom Herd nehmen.
- Die Teigkugel nach der Ruhezeit auf der bemehlten Arbeitsfläche zu einem etwa 3 Zentimeter dicken Fladen abflachen.
- Mit einem umgedrehten Wasserglas etwa 14 Rohrnudeln ausstechen.
- Die Rohrnudeln jeweils mit einem knappen Teelöffel Füllung füllen und nochmals 20 Minuten gehen lassen.
- Eine große Auflaufform einfetten und die Rohrnudeln hineinsetzen.
- Die Sojasahne mit dem Vanillezucker verrühren und die Rohrnudeln mit dem Gemisch bestreichen.
- Die Rohrnudeln bei 180 °C im Backofen 25 – 30 Minuten backen, bis die Oberfläche schön gebräunt ist.

Tipp!

Servieren Sie entweder die Vanillesauce von Seite 186 oder die beschwipsten Sauerkirschen von Seite 184 zu den noch heißen Rohrnudeln.

Nockerln mit beschwipsten Sauerkirschen

Für die beschwipsten Sauerkirschen:
600 g entsteinte Sauerkirschen (frisch oder tiefgekühlt)
¼ l trockener Rotwein
ersatzweise Kirschsaft mit 2 EL rotem Balsamessig
½ Vanilleschote
Saft von 2 kleinen, unbehandelten Orangen
½ TL abgeriebene Orangenschale
100 g Roh-Rohrzucker
5 EL (45 g) Speisestärke

Für die Nockerln:
400 g Seidentofu
Saft einer halben, unbehandelten Zitrone
5 EL Puderzucker
1 Päckchen Bourbonvanillezucker
1 TL Johannisbrotkernmehl
1 MSP Meersalz
100 g Weichweizengrieß
100 g Semmelbrösel
1 EL Sojamehl
100 ml Soja-, Reis- oder Haferdrink

3 ½ l Wasser
4 – 5 EL fein gesiebter Puderzucker

- Für die beschwipsten **Sauerkirschen** die Sauerkirschen zusammen mit dem Rotwein, dem ausgekratzten Mark der Vanilleschote und der Vanilleschote in einen Topf geben. Bei mittlerer Temperatur langsam zum Kochen bringen.
- Den Orangensaft, die Orangenschale, den Zucker und die Speisestärke in einer kleinen Schüssel miteinander verrühren.

- Sobald die Sauerkirschen kochen, die Vanilleschote entfernen und den angerührten Orangensaft hinzufügen. Die Temperatur erhöhen und das Ganze unter Rühren 2 Minuten sprudelnd kochen, bis die Sauerkirschen eindicken.
- In eine Schüssel umfüllen und abkühlen lassen.
- Für die **Nockerln** den Seidentofu, Zitronensaft, Puderzucker, Vanillezucker, das Johannisbrotkernmehl und Salz in ein hochwandiges Rührgefäß geben. Mit dem Pürierstab zu einer glatten Creme verarbeiten.
- Den Weichweizengrieß, die Semmelbrösel, das Sojamehl und den Sojadrink unterrühren.
- Die Nockerlmasse 60 Minuten im Kühlschrank ruhen lassen.
- Das Wasser in einem großen Topf zum Kochen bringen. Mit einem Esslöffel Nockerln von der Teigmasse abstechen und diese in das siedende Wasser geben. Pro Nockerl etwa einen gehäuften Esslöffel verwenden.
- Die Nockerln 5 – 7 Minuten im siedenden Wasser garen. Sie sind fertig gegart, sobald sie an die Wasseroberfläche kommen.
- Die Nockerln mit einem Schaumlöffel entnehmen, auf einen großen Teller geben und mit dem Puderzucker überstäuben.
- Zusammen mit den beschwipsten Sauerkirschen servieren.

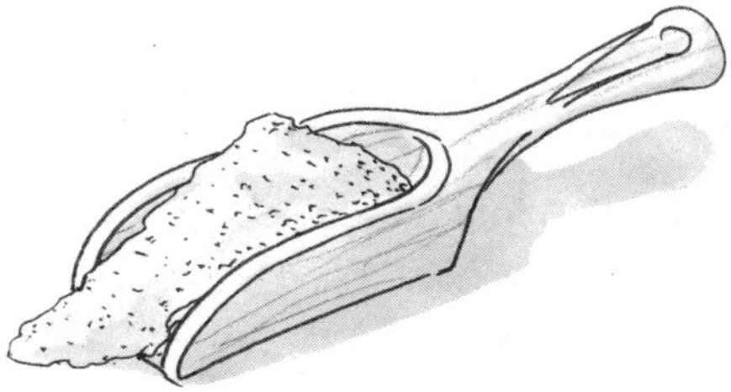

Schokonudeln mit zwei Cremesaucen

Für die Schokonudeln:
350 g Dinkelmehl (Type 630)
3 EL ungesüßtes Kakaopulver
3 – 4 EL fein gesiebter Puderzucker
1 MSP Meersalz
50 g Zartbitterschokolade
3 EL Rapsöl
etwa 180 ml Wasser
1 EL Dinkelmehl (Type 630)
Dinkelmehl für die Arbeitsfläche

3 ½ l Wasser
4 EL Puderzucker

Für die Vanillesauce:
4 – 5 EL Puderzucker
600 ml Soja-, Reis- oder Haferdrink
½ Vanilleschote
1 ⅓ TL Johannisbrotkernmehl
2 – 3 MSP gemahlene Kurkuma (nach Belieben)

Für die Kaffee-Whisky-Sauce:
¼ l Soja- oder Hafersahne
200 ml abgekühlter Espresso oder Mokka
75 ml Whisky
5 EL Roh-Rohrzucker
1 Päckchen Bourbonvanillezucker
2 TL Johannisbrotkernmehl
1 TL ungesüßtes Kakaopulver

- Für die **Schokonudeln** die trockenen Zutaten in einer Schüssel miteinander vermischen.
- Die Schokolade im Wasserbad zum Schmelzen bringen.

- In der Mitte des Mehls eine Mulde ausformen und die geschmolzene Schokolade sowie das Rapsöl hineingeben. Zügig von der Mitte her mit dem Mehl vermengen. Das Wasser in kleinen Portionen hinzufügen und alles zu einem glatten Teig verkneten.
- Den Teig zur Kugel formen, mit dem Mehl überstäuben, und abgedeckt 60 Minuten im Kühlschrank ruhen lassen.
- Den Teig in vier Portionen schneiden, jeweils etwa 2 Millimeter dünn ausrollen und in Streifen schneiden (Breite nach Wahl).
- Die geschnittenen Nudeln 15 Minuten ruhen lassen.
- Das Wasser mit dem Puderzucker zum Kochen bringen und die Nudeln darin bissfest garen.
- Die Nudeln in einen Durchschlag geben und abtropfen lassen.
- Für die **Vanillesauce** den Puderzucker mit dem Sojadrink verrühren.
- Die Vanilleschote auskratzen und das Mark sowie die Schote zum Sojadrink geben.
- Den Sojadrink bei niedriger Temperatur 15 Minuten auf dem Herd ziehen lassen.
- Die Vanilleschote entfernen und den Sojadrink durch ein Haarsieb geben, den Sojadrink zurück in den Topf füllen. Johannisbrotkernmehl sowie die Kurkuma unterrühren und alles kurz zum Kochen bringen.
- Den Topf vom Herd nehmen und die Sauce auf Raumtemperatur abkühlen lassen. Gelegentlich rühren, damit sich kein Häutchen bildet.
- Die Vanillesauce in eine kleine Karaffe umfüllen und im Kühlschrank gut durchkühlen lassen.
- Für die **Kaffee-Whisky-Sauce** alle Zutaten in ein hochwandiges Rührgefäß geben und mit dem Pürierstab kurz pürieren.
- Die Kaffee-Whisky-Sauce in eine kleine Karaffe umfüllen und im Kühlschrank gut durchkühlen lassen.

Tipp! Wenn Sie keinen Alkohol verwenden möchten, ersetzen Sie den Whisky durch drei bis vier Esslöffel Whiskysirup und vier Esslöffel zusätzliche Sojasahne.
Es empfiehlt sich, die beiden Cremesaucen am Abend vorher zuzubereiten, damit sie gut durchgekühlt zu den heißen Schokonudeln serviert werden können.
Beide Cremesaucen halten sich im Kühlschrank 3 – 4 Tage.

Schupfnudeln mit Mohnsauce

Für die Schupfnudeln:
650 g mehlig kochende Kartoffeln
1 l Wasser
1 Päckchen Bourbonvanillezucker
1 MSP Meersalz
100 g Dinkelvollkornmehl
3 EL Hartweizengrieß
2 EL Rapsöl
Dinkelmehl für die Arbeitsfläche

3 l Wasser

Für die Mohnsauce:
70 g Mohn
4 – 5 EL hochwertige Margarine
5 EL fein gesiebter Puderzucker
2 – 3 Spritzer Zitronensaft
3 MSP abgeriebene Zitronenschale
5 EL Soja- oder Hafersahne

- Für die **Schupfnudeln** die Kartoffeln als Pellkartoffeln im kochenden Wasser weich kochen. Das Kochwasser abgießen, die Kartoffeln kurz ausdampfen lassen und pellen. Danach sofort durch eine Kartoffelpresse drücken. Den Vanillezucker und das Salz unterrühren und die Kartoffelmasse vor der Weiterverarbeitung etwas abkühlen lassen.
- Das Dinkelvollkornmehl, den Hartweizengrieß und das Rapsöl unterrühren, sodass ein glatter, geschmeidiger Teig entsteht.
- Den Teig in zwei Portionen teilen und auf der bemehlten Arbeitsfläche zu zwei Rollen von jeweils etwa 30 Zentimeter Länge formen.
- Von den Teigrollen etwa 1 Zentimeter dicke Scheiben abschneiden. Die Scheiben zwischen den Handflächen zuerst zu Kugeln, dann zu Röllchen formen.

- Das Wasser zum Kochen bringen und die Schupfnudeln vorsichtig hineingleiten lassen. 4 – 5 Minuten sieden lassen. Die Schupfnudeln sind fertig gegart, sobald sie an die Wasseroberfläche kommen.
- Die Schupfnudeln vorsichtig in einen Durchschlag geben, kurz mit kaltem Wasser abschrecken und abtropfen lassen. Danach nebeneinander auf ein Backblech oder eine große Platte legen und abkühlen lassen.
- Für die **Mohnsauce** den Mohn fein mahlen.
- Die Margarine in einer großen Pfanne erhitzen und die Schupfnudeln darin von allen Seiten anbräunen.
- Den Puderzucker und den Mohn hinzufügen und gut mit den Schupfnudeln vermischen.
- Mit dem Zitronensaft und der Zitronenschale würzen.
- Die Sojasahne darüber verteilen, die Schnupfnudeln noch einmal wenden und weitere 2 – 3 Minuten in der Pfanne belassen.
- Die Schupfnudeln auf vier Dessertteller verteilen und servieren.

Nudeln in Karamell

2 – 3 EL hochwertige Margarine
160 g Roh-Rohrzucker
3 – 4 MSP gemahlener Zimt
4 EL Wasser
400 g gekochte Spiralnudeln oder Gemelli (gedrehte Nudeln)

- Die Margarine in einer Pfanne zum Schmelzen bringen.
- Den Zucker und Zimt hinzufügen und gut mit der geschmolzenen Margarine vermischen.
- Das Wasser dazugeben und die Mischung bei relativ hoher Temperatur erhitzen.
- Sobald die Zuckerkristalle anfangen zu karamellisieren, die gekochten Nudeln hinzufügen.
- Die Nudeln 2 – 3 Minuten wenden, bis sie gründlich mit einer Karamellschicht überzogen sind. Dabei kocht das Karamell ein wenig ein.
- Die karamellisierten Nudeln noch heiß servieren.

Tipp! Geht ganz fix und eignet sich prima, gekochte Nudelreste zu verwerten.

Süßer Nudelsalat mit Brombeeren

2 l Wasser
250 g Gemelli (gedrehte Nudeln) oder andere kurze Pasta nach Wahl
300 g Brombeeren (frisch oder tiefgekühlt und aufgetaut)
3 – 4 EL fein gesiebter Puderzucker
1 – 2 EL hochwertige Margarine
½ Vanilleschote
5 EL Roh-Rohrzucker
3 EL Wasser
100 g gehackte Mandeln
Saft und Schale einer kleinen, unbehandelten Zitrone
2 EL rote Balsamicocreme
1 EL mildes Olivenöl
1 ½ EL fein gehackte Zitronenmelisse

- Das Wasser zum Kochen bringen und die Gemelli darin in etwa 10 Minuten bissfest garen.
- Die Gemelli in einen Durchschlag geben, mit kaltem Wasser abspülen und gut abtropfen lassen.
- Die Brombeeren vorsichtig mit dem Puderzucker vermischen und 15 Minuten ziehen lassen.
- Die Margarine in der Pfanne erhitzen, dabei das Mark der Vanilleschote hinzufügen.
- Den Zucker und das Wasser in die Pfanne geben. So lange unter Rühren erhitzen, bis der Zucker anfängt zu karamellisieren.
- Die Mandeln hinzufügen und so lange rühren, bis sie mit dem Zucker überzogen sind. Die Pfanne vom Herd nehmen.
- Die Gemelli mit den karamellisierten Mandeln, dem Zitronensaft und der Zitronenschale in eine Schüssel geben.
- Die rote Balsamicocreme, das Olivenöl und die Zitronenmelisse unterrühren.
- Zum Schluss vorsichtig die Brombeeren unterziehen.
- Den Nudelsalat vor dem Servieren 15 Minuten ziehen lassen.

Die Autorin

Heike Kügler-Anger wuchs am nördlichen Rand des Ruhrgebietes auf, lebte jeweils ein paar Jahre in Ostwestfalen, am Kaiserstuhl bei Freiburg sowie in Leipzig und ist nun seit gut zehn Jahren mit ihrem besten Testesser (ihrem Ehemann) sowie mit zwei Hunden und zwei Katzen im Odenwald heimisch geworden. In ihrer Küche mit Blick auf Wiesen, Wald und Nachbars Kühe probiert sie immer wieder neue Rezepte aus, die sie in ihren Kochbüchern und Kochkursen weitergibt. Obwohl sie als Kind Spinat und Tomaten hasste, gilt nun ihre ganze Leidenschaft der Gemüseküche sowie der vegetarischen und veganen Küche.

Nudeln in allen Formen, Größen und Farben gehören schon seit der Kindheit zu den erklärten Lieblingsspeisen der Autorin. Weil sie sich nach dem Verzehr eines leckeren Nudelgerichtes immer rundum zufrieden und glücklich fühlt, bereitet es Heike Kügler-Anger eine besondere Freude, ihr persönliches Nudelglück jetzt mit diesem Buch an ihre Leser weiterzugeben.

Von Heike Kügler-Anger sind im pala-verlag bereits erschienen:

- Vegetarisch kochen – französisch
- Milchfrei und schnell gekocht
- Käse veganese
- Cucina vegana
- Vegetarisches fürs Fest
- Vegan unterwegs

Rezeptindex

pala verlag

Print CO_2 geprüft

Wir engagieren uns noch stärker für den Klimaschutz!

Seit mehr als 15 Jahren drucken wir unsere Bücher weitestgehend auf Recyclingpapier und versuchen damit, eine ressourcenschonende und umweltfreundliche Buchproduktion zu ermöglichen.

In den letzten Jahren ist der Klimawandel mit seinen weitreichenden Folgen für uns und vor allem unsere nachfolgenden Generationen immer mehr zum Thema geworden. Die Auswirkungen sind bereits jetzt spürbar – Wetterextreme, sich verschiebende Jahreszeiten, Erderwärmung. Auch wenn diese Entwicklungen nicht mehr völlig aufzuhalten sind, müssen wir – auch als Verlag – aktiv werden.

Die *freiburger graphische betriebe*, die Druckerei, in der unsere Bücher produziert werden, beteiligen sich an der Klimainitiative der Druck- und Medienverbände Deutschland und bieten die Möglichkeit, Buchproduktionen klimaneutral herstellen zu lassen. »Klimaneutral« bedeutet den Ausgleich von Treibhausgasen bzw. die Neutralisation durch die Einsparung einer bestimmten CO_2-Menge an anderer Stelle. Da die Wirkungen des Treibhauseffektes global schädigen, ist es irrelevant, an welchem Ort der Welt Emissionen entstehen und wo sie dann letztendlich eingespart werden. Der gesamte Prozess des Ausgleiches von Treibhausgasen basiert auf dem Kyoto-Protokoll von 1997.

Wir haben nun die Möglichkeit, für jedes Druckprodukt den genauen Wert des CO_2-Ausstoßes, der auf den Produktionsprozess in der Druckerei und deren Materialeinsatz zurückzuführen ist, zu ermitteln. Mit Hilfe eines vom Bundesverband der deutschen Druckindustrie entwickelten Rechners, mit dem viele Faktoren erfasst werden – Energieverbrauch, Farbe, Papier, Transportwege oder Einsatz von Personal – wird am Ende der Buchproduktion ein Wert ermittelt, der die relevante Wertschöpfungskette für die technische Herstellung des Buchs umfasst und den durch die Produktion verursachten CO_2-Ausstoß nachweist.

Für diesen Wert bezahlen wir als Verlag einen Ausgleich, der dann in anerkannte und zertifizierte Klimaschutzprojekte fließt. Die Zertifizierung erfolgt durch die Organisation *firstclimate* (www.firstclimate.com) und wird durch das Logo »Print CO_2« angezeigt.

Die aus dem Druck dieses Buchs resultierende Klimaabgabe fließt in ein Windparkprojekt in der Marmara-Region in der Türkei.

Das Projektgebiet liegt in der Marmara-Region an einem Höhenrücken etwa 350 m über Meereshöhe, nahe der Dörfer Elbasan und Çatalca unweit Istanbuls. Im Rahmen des Projekts werden 20 Windenergieanlagen mit einer Nennleistung von je 3 MW errichtet.

Andere Bücher aus dem pala-verlag

Heike Kügler-Anger:
Käse veganese
ISBN: 978-3-89566-237-9

Heike Kügler-Anger:
Cucina vegana
ISBN: 978-3-89566-247-8

Heike Kügler-Anger:
Vegetarisch kochen – französisch
ISBN: 978-3-89566-224-9

Heike Kügler-Anger:
Milchfrei und schnell gekocht
ISBN: 978-3-89566-232-4

Vegane Köstlichkeiten

Heike Kügler-Anger:
Vegan unterwegs
ISBN: 978-3-89566-264-5

Angelika Eckstein:
Vegan backen
ISBN: 978-3-89566-239-3

Angelika Eckstein:
Vegane Weihnachtsbäckerei
ISBN: 978-3-89566-275-1

Suzanne Barkawitz:
Vegan genießen
ISBN: 978-3-89566-266-9

Gesamtverzeichnis bei:
pala-verlag, Rheinstraße 35, 64283 Darmstadt, www.pala-verlag.de

ISBN: 978-3-89566-281-2

Rheinstraße 35, 64283 Darmstadt
www.pala-verlag.de

Umschlag- und Innenillustrationen: Karin Bauer
www.karin-bauer.com

Lektorat: Barbara Reis

Druck: fgb • freiburger graphische betriebe
www.fgb.de
Printed in Germany

Dieses Buch ist klimaneutral produziert und
auf Papier aus 100 % Recyclingmaterial gedruckt.